U0944531

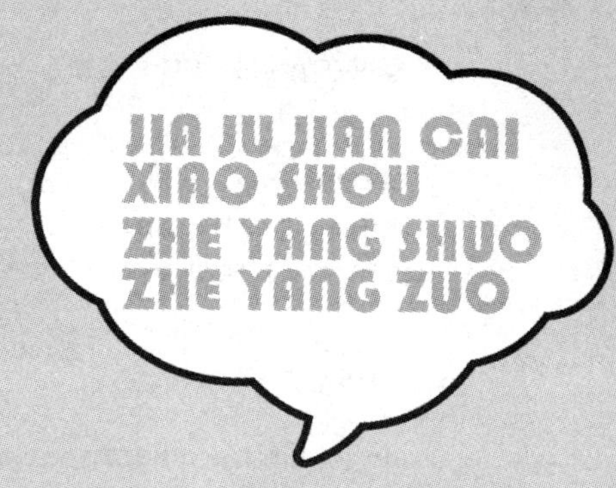

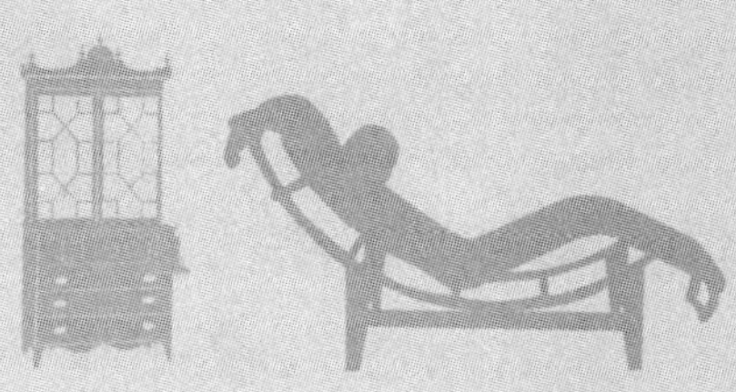

家具建材销售这样说，这样做

门店导购一学就会的情景演练

苏艳绯◎编著

当代世界出版社

图书在版编目（CIP）数据

家具建材销售这样说，这样做 / 苏艳绯编著 . —北京：当代世界出版社，2014.5
ISBN 978-7-5090-0964-2

Ⅰ. ①家…　Ⅱ. ①苏…　Ⅲ. ①建筑材料 – 销售 – 方法
Ⅳ. ① F765

中国版本图书馆 CIP 数据核字（2014）第 043162 号

家具建材销售这样说，这样做

作　　者：苏艳绯
出版发行：当代世界出版社
地　　址：北京市复兴路 4 号（100860）
网　　址：http://www.worldpress.org.cn
编务电话：（010）83908456
发行电话：（010）83908409
（010）83908455
（010）83908377
（010）83908423（邮购）
（010）83908410（传真）
经　　销：新华书店
印　　刷：北京普瑞德印刷厂
开　　本：710mm×1000mm　1/16
印　　张：15
字　　数：190 千字
版　　次：2014 年 5 月第 1 版
印　　次：2014 年 5 月第 1 次
书　　号：ISBN 978-7-5090-0964-2
定　　价：29.80 元

前 言

按照一般规律，应该说家具建材生意的好坏与房地产市场的繁荣与否有很大关系，买房的人多了，装修的人也就多了；买房的人少了，装修的人也就少了。但是，市场的繁荣与否只是影响了整个行业，作为个体而言，生意的好坏却在于自身的销售能力！

为什么这么说呢？在市场繁荣的时候，销售方往往占据了主导地位，大多数商家都生意兴隆，对于销售能力的要求并没有那么高；而当市场逐渐饱和的时候，以往销售方的主导地位动摇了，销售能力的高低对于生意的好坏就显得更为突出了。这就好比股市，在牛市到来的时候，大多数人都挣钱了，就好像个个都是股神了，对于技术方面的能力都不那么重视；而这几年熊市一来，不少股民都叫苦连天，80%的人都亏损，但还是有那么百分之一二十的人挣钱了。而挣钱的这部分股民，基本上都是属于“技术派”，因为他们懂技术，会看盘，会选股，会止盈止损。所以说，销售能力的高低是非常重要的，只是有些时候市场的繁荣掩盖了它的重要性。

对于家具建材行业的终端销售来说，该如何提升销售能力呢？很多商家在招导购的时候，一个非常重要的要求就是“口才好”。不可否认，口才在销售中是很重要的。但什么才是好口才呢？好口才不是夸夸其谈，不是信口开河，而是要学会如何与顾客沟通，如何获取顾客的信任，如何赢得顾客的心。沟通是销售的一个重要过程，销售沟通的宗旨就在于动之以情，晓之以理，诱之以利。为此，销售沟通不仅需要好口才，还需要掌控运用顾客心理、产品专业知识、社会常识、表达能力、沟通能力。

具体来说，在销售之前，你首先需要将你自己“销售”给顾客，让顾客接受你，认可你；你需要准确把握顾客的需求，做好顾客的“消费顾问”，将适合的产品推介给顾客；你需要巧妙地解答顾客的各种困惑，消除顾客的各种疑虑；你需要练就一双“慧眼”，以足够的悟性判断出顾客的购买信号，并适时地“推”顾客一把，让顾客变意向为行动……只有这样，你才能成为一名真正的优秀导购，你的职业道路才会越走越宽。

为了帮助大家提高销售能力，提升销售业绩，我们特地编写了本书。在书中，我们依托多年来的家具建材销售实践与培训经验，大量收集整理了家具建材过程中经常遇到的诸多情景，并将每个情景都划分为“错误应对”、“情景解析”、“正确应对示范”三大模块，即依照麦肯锡发现问题和分析问题的方法论有步骤地解决问题，力求循序渐进地启发读者的思维，一步步帮助读者取得骄人的销售业绩。书中的各个场景均是精挑细选，甚至可以让大家在实际工作中活学活用。

在本书的编写过程中，得到了陈海全、陈建安、胡原庆、苏艳绯、吴文生、洪从凤、洪文金、王阿星、杨国盛、谢路生、黄开耿、许坤棋、巫许云、吴美新、卢广平、范志德、包上明、郑蓉贞、陈宇、叶冰等人的大力支持和帮助，在此一并予以感谢。由于作者水平有限，书中难免有不足之处，恳请广大读者批评指正。

目 录

第一章　顾客要这么接待

第二章　产品要这么推介

第四章　价格异议要这么处理

第五章　成交要这么积极推进

第六章　投诉要这么应对

第一章　顾客要这么接待

情景1：正忙碌着，却有顾客前来光顾了

错误应对

1. 我这边刚好有个顾客，您等一会儿再过来好吗？

点评：这是变相的逐客令！商家那么多，没有好的体验，顾客怎么可能再回头？！

2. 小姐，您先自己随便看看，我核对一下数据……

点评：太过冷淡，会让顾客有受到冷落的感觉，从而产生不快。

3.……（任凭顾客询问，无暇顾及）

点评：冷淡是服务行业的天敌，顾客不会自讨没趣，更不是非买你的产品不可。

情景解析

导购，顾名思义就是引导顾客消费的人。导购能否在第一时间给顾客一份好的购物体验，将会对门店以及品牌本身带来极大的影响。市场营销学里有一个著名的“1:8:25”法则，具体说来，就是一个顾客如果觉得某种产品好的话，他可能要将这种好感告诉8个人；反之，如果不满

意某种产品的话，他则可能向25个人抱怨这种产品的坏处。

就像著名的海底捞，单就食材而言，它其实就是再普通不过的一家火锅店，可它为什么能短时间内崛起且能长时间地被消费者追捧呢？究其根本，海底捞正是深得了“1:8:25”法则的精髓：在日趋饱和的火锅餐饮业，海底捞提供的核心业务不是餐饮，而是服务。在海底捞，各式的免费服务以及服务员热情周到的服务，让顾客能真正找到“上帝的感觉”，顾客会乐此不疲地将在海底捞的就餐经历和心情发布在网上，这样，越来越多的人被吸引到了海底捞，一种类似于“病毒传播”或者“滚雪球”的效应就此显现。

自古道：“好事不出门，坏事传千里”，如果你得罪了一个顾客，比起好的评价，顾客的抱怨会传播得更快更广，而由此带来的损失，是你付出两倍三倍的努力也弥补不了的。

请记住，顾客是上帝，导购要时时以顾客为中心。顾客一进门，首先感受到的不是你的产品有多好，而是你的态度能否让他舒心、满意。

正确应对示范1

导购：“欢迎光临！两位今天是要看下沙发？这可真是来得早不如来得巧，我们早上刚刚新到了几款，您看，我们还正忙着整理呢。不知道您喜欢什么风格的沙发呢？”（立即放下手头工作，先招呼客人）

点评：接待顾客是导购的首要职责，是业绩的保证。即使再忙碌，也不能忽视了顾客，否则就等于忽视了生意，而适当的解释更容易得到顾客的谅解。

正确应对示范2

导购：“（对于来店闲聊的老顾客）哎呀，真是不好意思哈，每天这个时候客人都特别多，照顾不周了，见谅见谅。您先坐会儿喝杯水？不然您跟我们一起去看看我们新设的样板间吧，您是我们的老主顾，也好帮我们提提意见。”

点评：进店的都是客，冷淡了谁都不行。而闲聊时老顾客的一句无意间的评价有时候会影响到其他顾客的购买决定，最好的办法就是把老顾客变成自己人。

正确应对示范3

导购：“真的不好意思，这段时间客人太多，招待不周了。您先看看我们的沙发款式，感受一下我们的风格，看到喜欢的就叫我一声。”

（离开去照顾其他顾客，当该顾客询问时立即过来）

“小姐，真不好意思，让您久等了，请问……”

点评：由于业务繁忙而对顾客没法服务周到是常有的情况，顾客一般也不会因此而产生不快。当然，前提是你对每一个顾客都要有所招呼，不能让顾客感觉他受到忽视了，还要对你的服务不周而真诚地向顾客说声“对不起”。只要做到了这些，顾客通常是会理解你的。

情景 2：没有顾客时，导购不知道该干什么

错误应对

1. 去其他店里闲聊。

点评：开着店门，店里却空无一人，导购都没想着要卖，顾客怎么可能会买？！

2. 上网、看片。

点评：顾客购物都会有一种从众心理，导购都这么清闲，顾客会不由地觉得店里的商品一定销路不好。

情景解析

门庭若市是每家店门、每个导购的美好愿望，但现实是导购不可能在一天工作中的每一个时刻都处于接待顾客中，导购有一大部分时候是出于“待机”状态。

所谓“待机”，就是在顾客还没有上门之前的等待行动。其实，导购的销售活动并不是从顾客进入你的销售现场才开始的，而是始于顾客经过你卖场的时候。门可罗雀，甚至连导购都不知去向的店面一定无法吸

引顾客。所以说，正确的“待机”行为是非常重要的。

那么，怎样才是正确的“待机”行为呢？

站在正确的位置

随着生活水平的提高，目标性很强的购物已经越来越少，很多时候，购物都是在“逛”中完成的。既然是“逛”，人们自然希望能够轻松自然，最不愿意看到的就是导购固定地站在门店中央等待顾客。

为此，在等待顾客的“大驾光临”时，导购所站立的位置应该是以能够照顾到自己负责的区域为最适宜，而且最好站在容易与顾客初步接触的位置上。

对于一个门店来说，通常还会有一个特别值得强调的“守备位置”。不论门店里的顾客多么拥挤，只要站在这个位置上，你就一定能看到整个门店的状况。所以，这个“守备位置”可以说是导购的“根据地”，必须经常有人站在那里。

此外，导购还应该特别注意门店内一些“重要位置”的递补情形。例如，当守备重要位置的导购甲因事不得不离开他的岗位时，导购乙就要自动地递补上去；而当导购乙走开时，导购丙就应该马上接替看管；依此类推。这种形式就叫做“接力守备法”。

当然，在销售过程中，导购的固定位置经常会被招呼的顾客所搅乱，但是这只是暂时的，一旦顾客离去后，导购要尽快地回到自己的原来位置。

保持正确的“待机”姿势

去别人家做客，如果主人懒洋洋的，没有笑容，或者光顾着看电视，你是不是会感觉不受欢迎？同样，如果导购在等待客人上门的这个“待机”阶段，只是坐在柜台看报纸、做各种小动作或与人聊天等，而不是严阵以待顾客的话，同样会使顾客感到不满，从而影响顾客的情绪。因此，在“待机”阶段，导购除了要站在正确的位置，还应该保持正确的待机姿势。

通常情况下，正确的“待机”姿势应该是这样的：面带微笑，将双手自然下垂轻松交叉于身前，或双手重叠轻放在柜台上，两脚微分平踩在地面上，身体挺直、朝前，站立的姿势不但要使自己不容易感觉疲劳，而且还必须使顾客看起来顺眼。此外，在保持微笑的同时还要以极其自然的态度观察顾客的一举一动，等待与顾客做初步接触的良机。

当然，长时间的保持站立难免会让人感到疲劳，尤其是对于那些门店生意兴隆、一天到晚都在忙碌着的导购。在这种时候，导购可以自己寻找一种让自己放松的姿势，只要不会让顾客感觉不舒服就可以了。

创造忙碌的感觉

当眼前没有顾客时，导购仍然一如既往地保持正确的“待机”姿势是一件很痛苦的事情，有时候也是徒劳的，因为顾客根本不喜欢进入一家非常冷清的、导购都木立不动的门店。同样，我们也经常会听到导购的抱怨：“我宁愿忙一点也不愿闲下来，一闲下来就不知道做什么才好。”这句话说出了大多数导购的心声，也说明了“待机”的困难，也说明了许多导购根本不懂得如何利用“待机”的时间。

其实，“待机”并不是消极、被动地等待顾客的到来，而是应该做些积极的行动，制造良好的销售气氛，来吸引顾客的注意。

1. 检查商品

导购利用空闲的时间检查商品，是对门店负责，也是对顾客负责。门店里的商品虽然都已经过厂家的质量检验，但通常情况下，还是会有少量的次品。一些比较“娇气”的商品，经过顾客多次的触摸以后，也可能出现故障或受到污损。

只有把最好的商品拿给顾客，才能使顾客真正满意，并且不使门店的声誉受损。因此，导购利用这一小段时间所做的检查工作，能产生很多的好处，不但维护了门店的声誉，还为门店营造了良好的销售气氛。

2. 整理与补充商品

门店，应该时时刻刻保持整洁、有序。但是，商品经顾客挑选和购买后，往往很容易造成凌乱的现象，这样就会给顾客留下不好的印象，顾客不可能在凌乱的商品中细心地挑选自己喜欢的东西。

导购的工作是面面俱到的，绝对不能对这些情况视而不见。空闲的时间里，导购要按原来的摆放顺序对商品种类和款式进行整理，还要做些商品的记录，确实掌握商品的进出状况和商品的所在之处。

此外，为了使门店长时间地保持整洁、美观和有序，每天上班前或者下班后，导购都要对商品进行整理和补充，确保每一天的工作任务都顺利地完成。

3. 变更陈列

在销售过程中，商品最初的陈列形象会因为有些商品被销售出去而改变了。这时候，如果仓库里没有能够立即补充的商品，那么导购就要适时地改变陈列，以使门店的陈列显得更和谐。

在变更陈列时，导购应该具备灵活应变的特点。比如，根据销售情况，尽量将那些畅销的商品多摆一些出来，并放置于吸引顾客、容易触及的地方；当发现一些商品由于外包装不好而滞销的时候，就要等空闲、没有顾客上门的时候，对商品进行重新包装，应尽量做到给人耳目一新的感觉。这样做的效果是商品焕然一新，给人新的视觉冲击，因此销量大为改观。

正确应对示范

王小姐是一家品牌家具门店的负责人。她对自己的产品非常有信心，但却发现很多顾客最多只是在店外望一眼，而不愿意走进来，导购也都闲着没事干。于是，她决定到其他兄弟门店去取取经。

在同品牌的另外一家门店，王小姐发导购们正在店里忙碌着。仔细一看，才知道她们是在摆设商品，不过很多时候她们只是将左边的商品搬到右边，然后又将右边的商品移到左边而已，看上去好像都是一些毫无意义的忙碌，但是却又令人感到生机勃勃。每当顾客经过该门店的时候，似乎总是有一股无形的力量把他们吸引进去。

王小姐这才恍然大悟。于是，她要求自己的导购在等待顾客时，必须尽量做到手不离商品，为门店制造忙碌的销售气氛，打破死气沉沉、冷冷清清的局面。果然，光临门店的顾客大增，销售额也突飞猛进。

点评：“待机”并不是简单的等待，导购无所事事，容易给人一种死气沉沉的感觉。为了营造一个良好的销售气氛，你可以做一些能够渲染门店销售气氛的事情。比如说，在没有顾客的时候，你可以调整调整小摆件的位置，或者擦拭一下茶几沙发上的灰尘。这样，可以给顾客一种生意不错的感觉，顾客进来了，看到你在摆弄，可能就会对商品产生兴趣。

要知道，只有更多的人进店，才可能会有更多的人购物；要想生意兴隆，就必须吸引更多的闲散性顾客进入店内。店内顾客的活动对店外的人们具有很强的吸引力，许多顾客云集店内的状况本身就说明“那里有吸引人的商品”，而且给人以安全感。店内一旦出现这种繁荣景象，就会吸引一批接一批的新顾客。

有专家曾经通过大量的实地观察和对比分析，得出结论：导购所做的与营业相关的活动最能吸引顾客观赏、挑选和购买，如接待顾客、整理商品、记录营业状况等，这些动作通常被比喻为“吸引顾客的舞蹈”。

情景 3：顾客表情冷漠，不爱搭理导购

错误应对

1. 先生，我给您介绍介绍吧。我们产品……

点评：完全不理会顾客的排斥情绪，紧跟顾客，滔滔不绝地讲解，很有可能会赶走顾客。

2. 你不搭理我，我也不搭理你。

点评：很显然，这种斗气的做法是无法取得销售佳绩的。要知道，顾客的冷漠，并不是针对某个导购，可能是他本能的一种自我保护，也可能他的性格就是如此。

3. 觉得顾客没有诚意，扔下顾客不管，转身去接待另一位顾客。

点评：如此对待顾客，会招致顾客的不满情绪。任何一个潜在顾客都是不能轻易被放弃的。

情景解析

在导购的过程中，难免会遇到一些冷漠的顾客，对导购的问候不理不睬。在这种情况下，导购该如何才能让顾客敞开心怀，获取顾客的好

感呢？

顾客对导购不理不睬，要么是性格的问题，要么是因为顾客对导购怀有戒备心理，担心被导购忽悠。

其实，人们在任何时间和场所都会潜意识地筑起一道自我保护的围墙，而围墙内就是人们的自我空间。这个自我空间是不容侵犯的，如果有人入侵了，他就会产生不安和威胁的压力感。因此，在接待顾客的时候，导购必须尊重顾客的安全地带（即顾客的自我空间），而不能随意地侵犯。这个道理其实很简单，就像你到朋友家里玩，除非主人邀请，否则你是不可以随意进入他的卧室的。

所谓的“尊重顾客的安全地带”，是指有些顾客喜欢自己看产品，而不愿意导购紧紧跟随。如果你遇到这种类型的顾客，那你就要尊重他的选择，不要强行闯入顾客的“安全地带”，也就是不要刻意地上前解说，以免给顾客带来不安和反感。正确的接待方式是礼貌地让顾客自由选购，而自己则站在两三米外的地方，静候顾客的求助信号。

其实，这种类型的顾客在我们的日常生活中随处可见。有些人去逛商场，总喜好自己看，而如果导购不识趣地、过分热情地上来推介（尤其是有促销小姐时），她便会很反感地走开了。但是，如果她发现了一件很喜欢的衣服并且需要向营业员询问某些问题也就是寻求帮助时却找不到导购的话，那她的购买欲望会马上大大降低。

正确应对示范 1

导购：“您好，欢迎光临××××。先生，请问有什么可以帮到您的？”

（顾客对导购的问候不予理睬，自顾自地走到卖场内）

导购：“先生，看来您对家居建材产品还是很熟悉的，那我不打扰您了，您先随便看看，如果有什么需要，您可以随时叫我，我是小刘。”

点评：顾客显然是非常有主见的，导购的强行推介，只会招致顾客的反感。相对远距离的目光跟随，不仅可以把相对独立的空间留给顾客，让他的排斥心理稍微缓和一些，而且导购还可以观察到顾客情绪上的变化，从而及时地判断出顾客的真实需求，当顾客做出需要帮助的表示时，导购也可以在第一时间赶到。适当地进行自我介绍，还会给顾客留下好的印象。

情景 4：顾客非常有个性，该怎么应对为好呢

错误应对

1. 不管顾客是什么性格，按正常接待就可以了。

点评：接待个性强的顾客时，稍不注意，就容易起纷争，搞不好不光生意没得做，门店以及你个人的形象也会因此而大打折扣。

2. 对这种不可理喻 / 不识趣的顾客，没必要浪费过多精力。

点评：挑顾客的导购一定不是一个好导购，好的业绩也一定与他无缘。

3. 与顾客针锋相对，不能"输"给他了。

点评：一时的口舌之快只会令你输了生意又输了素质。

情景解析

"人上一百，形形色色"，既然打开门做生意，就会遇到各种各样的顾客。著名心理学家荣格说过："性格决定命运，性格决定成败。"对于导购而言，掌握了顾客的性格，便掌握了销售的主动权。

如同占星学上用"12 星座"把人进行分类一样，导购可以根据不同

性格特征，对顾客进行细分。对于不同性格的顾客，使用不同的接待、推介方法，做到因人而异、区分对待，以顾客喜欢的方式去对待顾客，这样才能赢得顾客的好感，提高销售的成功率。

不要与顾客争辩

在顾客提出异议后，有些导购为了证明自己的产品并没有顾客所指出来的这些问题，于是处处为自己的产品辩护。其实这样的做法是火上浇油，反而会加深顾客的疑虑；或者说即使顾客接受你对疑虑的处理，但是对你这个人也会产生负面的认识。

有句销售行话说："占争论的便宜越多，吃销售的亏越大。"导购是为了打动顾客的心，而不是打向顾客的头。顾客提出异议，意味着他需要得到更多的信息。不管顾客的意见是对还是错，导购都不要与顾客争辩，因为，争辩是说服顾客最笨的方法。

应该说，在整个过程中，处理异议阶段是导购最容易陷入与顾客的争论的时期，因为这时候双方通常是立场对立、意见相佐。因此，在处理异议时，导购更应保持谨慎，避免陷入到与顾客争论的泥潭中去。

正如一位哲人所说的："你无法凭争辩去说服一个人喜欢啤酒。"站在人性的角度来看，人们永远无法通过争辩去说服一个人喜欢什么或不喜欢什么。即使你在口才上占了上风，即使你在争论中取胜，最后顾客仍然可以以不买你的产品来赢你，而你将彻底失去成交的机会。因此，与顾客争辩，失败的永远是导购！

要给顾客"留面子"

对于"顾客永远是对的"这句话，很多导购都体会不深，甚至愤愤不平。的确，有些时候，顾客在某个具体的问题上不一定是正确的，有时甚至是谬误。因此，如果把这句话换种说法——"顾客的面子永远是对的"，大家就容易理解了。

导购过程中，出现这样那样的状况都是在所难免的，可能有时确实是顾客横挑鼻子竖挑眼，但是如果这时候导购也是脾气暴躁、心胸狭窄，势必会影响到双方的交易。聪明的导购往往善于给顾客一个“台阶”，让对方恢复心理平衡，这样既能赢得顾客，也平息了双方的矛盾。

不要不耐烦

当顾客提出意见时，导购要双眼正视顾客，面部略带微笑，表现出全神贯注的样子。无论他提的异议是对是错、是深刻还是幼稚，都不能表现出轻视的样子，如不耐烦、轻蔑、走神、东张西望、绷着脸、耷拉着头等。

不要过于直白

在任何销售中，最忌讳的就是直白。俗话说，“打人不打脸，揭人不揭短”，一般的人最忌讳在众人面前丢脸、难堪。如果你想与顾客达成交易，就绝不能让他们丢了面子。在与顾客沟通时，如果发现他在认识上有不妥的地方，绝不能直截了当地指出，说他这也不是，那也不对。

康德曾经说过：“对男人来讲，最大的侮辱莫过于说他愚蠢；对女人来说，最大的侮辱莫过于说她丑陋。”在与顾客沟通时，一定要看交谈的对象，做到言之有物、因人施语，要把握谈话的技巧、沟通的艺术，要委婉忠告。即使顾客有缺点，当面批评、教育或者大声指责都是不恰当的。

记住我们的身份，我们只是处于合作者的立场。指责、批评只会导致顾客对我们的怨恨与反感，感谢、赞美才是较通用的、有效的词语。为此，在顾客面前，我们要学会多赞美，少批评。

不要赤裸裸地反驳

对于任何异议，你都不可以赤裸裸地直接反驳顾客，如果粗鲁地反对其意见，甚至指责其愚昧无知，那你与顾客之间的关系将永远无法弥补。

即使顾客的意见是错误的甚至是可笑的，导购也不能语气生硬地对顾客说：“你错了”、“连这你也不懂”；更不能显得比顾客知道得更多：“让我给你解释一下……”、“你没搞懂我说的意思，我是说……”。这些说法明显地抬高了自己，贬低了顾客，会挫伤顾客的自尊心。你让顾客没面子，他就让你没单子，孰轻孰重，你应该懂得掂量。

有些时候，换一种方式去说明，就会达到更好的效果，比如：“我明白你为什么有这种感受，其实有些顾客最初也有和您一样的感觉，但是一旦他们开始使用这种产品，他们就会发觉这种产品真的很不错。”

要永远牢记：处理异议的目的是为了最终的销售，而不是为了逞一时口舌之快，或者为了表现自己。

正确应对示范 1

导购：“王老师，这套橱柜简直就是为您量身定做的，非常符合您家的装修风格，您也看了好几遍，价格什么的，我看您也都挺满意的。您看，我们现在是不是可以下订单了？”

顾客：“先别着急，虽然我也觉得这套橱柜不错，不过凡事不可看表面，我觉得我还得再多问问业内人士。前两天我看新闻，说家装市场猫腻很多，光上海质监局就查出了十几个品牌的橱柜有问题，尤其是材料方面，很多都是挂羊头卖狗肉，不合格的非常多。”

导购：“王老师，您可真沉稳，不愧是当老师的。的确，现在家装市场鱼龙混杂，您说的这条新闻我也看到了，相信您也发现了，检测出不合格的主要都是一些小品牌。像我们这样的国际知名品牌，是不会出现这种问题的，否则不就砸了自己的牌子吗？”

点评：这类顾客属于理智稳重型的，他们深思熟虑、沉着冷静，考虑问题全面深入，不容易被导购的言辞说服。他们对于自己不明白或不赞同的地方，会积极地提出问题，并说出自己的看法，直到所有问题都解决了才肯罢手。

面对这类顾客，导购要加强对产品品质及独特优点的说明，通过举例、分析、比较的方式，让其全方位地了解产品的特点和优势所在。一切说明都要有理有据，不可操之过急，多方分析、层层推进才是最好的办法。

正确应对示范 2

导购：“王小姐，刚才您看的这套，还满意吧？”

顾客：“我还想再考虑一下。你们这组儿童家具好是好，就是太贵了。孩子才上幼儿园大班，用这么贵的家具，总觉得没什么必要。”

导购：“王小姐，您也知道我们这个品牌是专门做儿童家具的，我可以很负责任地告诉您，孩子年龄还小，对各种有毒物质的抵抗能力远没有咱们成年人强，所以，孩子用的也都要格外用心。您看的这套家具，采用的是 ××× 原木材料，链接也都是用最原始的铆接法，将胶的使用降到最少，油漆也是 ××× 工艺的，对人体几乎完全无害。现在孩子少，好几个大人的希望都寄托在他一个人身上，孩子压力也大啊，我们做家长的又怎么可以不为他们的健康成长多做考虑呢？您说对吧？”

顾客：“那倒也是……”

导购：“王小姐，您来的真是时候，不知道您有没有看到我们店门口的海报，今天是我们十周年庆活动的最后一天，全场商品 95 折优惠。您这一套算下来可以省 1000 多块呢。”

顾客：“真的吗？那好吧。”

点评：这类顾客属于优柔寡断型的。优柔寡断型的顾客总会犹豫不决，买东西总是会考虑这考虑那，反反复复无法作决定。但是，另一方面，这种性格的顾客也最容易受旁人观点和看法的影响。因此，作为导购，在接待这种性格的顾客时，就要表现出坚决、自信的态度，获得他们的信任，对他们提出的任何异议都要认真对待，拿出有力的证据说服他们。当发现顾客有一丝一毫的购买欲望时，就要抓住机会，坚决采取行动，促使顾客作出购买决定。

正确应对示范3

导购："王小姐，请问我们什么时候安排送货？"

顾客："算了，我还是不要了。"

导购："王小姐，先别急。刚才您看了也挺满意的，为什么突然不要了呢？"

顾客："刚刚我朋友说，很多红木家具都是假的。花那么多钱，万一买了套假的怎么办！"

导购："王小姐，不可否认，您说的这种情况，市场上的确是存在的。您放心，我们的红木家具全部都是纯正的。您也知道，我们是知名品牌，不可能拿自己的品牌开玩笑的。现在创建一个品牌不容易。"

顾客："我知道你们是大品牌，但不代表大品牌就一定没问题。你有什么证据能证明你们的红木家具百分之百是真的？"

导购："您看，这是我们的质量承诺书，如果您发现货不对板，我们以十倍赔偿。"

顾客："嗯，这样还差不多。"

导购："那王小姐，请问我们什么时候可以安排送货？"

点评：这类顾客属于感情冲动型的，他们天性冲动、感情用事，容易受外界的刺激和怂恿，短时间内就能作决定，但也容易变卦。

作为导购，面对这类型顾客，应该集中火力强调产品的优势和所能带来的好处，力求速战速决，当顾客表现出购买欲望时，坚决果断地要求成交，不给他留下反悔的余地。

正确应对示范 4

导购："王小姐，您觉得刚才那款实木门怎么样？"

顾客："还行。"

导购："没关系，有什么疑问尽管提出来，装修都是这样的，比较繁琐，但无论如何，挑到自己满意的才是最重要的。"

顾客："也没什么，对这个我也不是很懂。"

导购："对了，王小姐，刚才听您说，您平时喜欢旅游？"

顾客："是啊，我每年都要出去旅游两三次的，去年还去了一趟美国。"

导购："真羡慕您，像我们打工的，想出去旅游一趟都很不容易。我们这款实木门，就是美国进口的樱桃木做的。樱桃木的木质细腻，给人以华贵高雅的感觉，是当今时尚的木门用料之一。"

顾客："哦？去年去美国，我觉得他们那边的别墅都建得非常漂亮，装修也很有风格。发达国家对于环保的要求更高，那这门应该不会有什么问题。"（通过巧妙的对话，让顾客说出自己的心声）

……

点评：这类顾客属于沉默寡言型的。他们对于你所做的推介反应都很冷淡，表情严肃，从不轻易发表自己的看法，出言十分谨慎，很难了解他内心的真实需求。

面对这类顾客，导购不能只顾着介绍产品，而要用心拉近彼此之间的距离。抱着诚恳、亲切的态度，试着了解他的工作、家庭、喜好等情况，以便找到闲谈的话题套近乎，进一步了解他内心的真实需求。

正确应对示范 5

导购："王小姐，您觉得刚才这款沙发怎么样，满意吗？"

顾客：“别的还好，就是这颜色太淡了，容易脏。上次去一个朋友家，他们家的沙发也是浅色系的，被小孩吃了东西后东摸西摸了几下，就感觉脏兮兮的了。”

导购：“是的，很多浅色系的沙发都有这个问题。不过您放心，我们这款沙发用的是绒布，防尘、防污效果比普通布艺沙发要好，平时若沾上污渍用清水擦洗就可以了。”

顾客：“哦，是吗？不过听说绒布沙发比较容易起静电，我家那位，皮肤很干燥，动不动就会起静电。上次去北京旅游，住酒店的时候，他一脱衣服，哗啦哗啦地响，害得我儿子大叫……”

导购：“呵呵，北方冬天气候干燥，是比较容易起静电。沙发不像衣服，一般不容易起静电的。请问您家住哪里？我填写一下送货单。”

顾客：“厦门市思明区湖滨北路35号，富山花园。就是在那外图后面，从外图边上的湖明路拐进去，第一个路口向左拐就看得到了……”

点评：这类顾客属于喋喋不休型的。他们做事小心谨慎，尤其是在作重大决定之前，无论大事小事都考虑在内，会喋喋不休地说话，还很容易跑题。

对付这类顾客，讲求速战速决，当顾客高谈阔论、离题很厉害的时候，导购不能贸然打断他的话，而应寻找恰当的时机引导他回到主题上来。

正确应对示范 6

顾客：“这样吧，大家都是年轻人，也别婆婆妈妈的了。简单点，一口价，3 万 5。”

导购：“陈先生，您干脆，我也爽快。3 万 5 就 3 万 5。您看您是刷卡还是付现金，定金是百分之五十，也就是 1 万 7 千 5。”

顾客：“刷卡吧。”

点评：这类顾客属于豪爽干脆型的。干脆利落、雷厉风行是他们的办事风格。这种人最讨厌婆婆妈妈、惺惺作态的人，他们开朗乐观，但是做事缺乏耐心，容易冲动，还会感情用事。

作为导购，在这类顾客面前你要尽力表现出豪爽干脆的一面，让他们觉得你是“同道中人”而乐意跟你交朋友。

正确应对示范 7

顾客：“小林，你可别想忽悠我，这真的是泰国柚木？我有个朋友是莆田人，专门做木头生意的，我问问就清楚了。”

导购：“陈总，您这么专业，我怎么可能骗得了您呢。您要不放心，我们可以把这点写进合同里，如果不是泰国柚木，我们双倍赔偿。”

顾客：“这样最好，免得到时发现不是泰国柚木，你们又不认账。”

导购：“好的，陈总。您可真是个细心的人，难怪生意能做得那么大。”

点评：这类顾客属于盛气凌人型的。他们总喜欢表现出一副不可一世、盛气凌人的样子，进行洽谈之前，会先来个下马威，让自己保持一种居高临下的姿态。他们不会轻易接受别人的建议，但是一旦建立起业务关系，就能维持较长的时间。

作为导购，千万不要被这类顾客吓到，稳住立场，保持不卑不亢的态度才是上上策。但是可以适当地赞美、肯定对方，从他的反应中找到他的“弱点”做突破口。

正确应对示范 8

顾客：“你们这沙发是前年的款吧？还卖这么贵。”

导购：“林小姐，您真是好眼光，这确实不是时下最流行的款式，不过它可是我们的常青树，用料、做工都没得挑，而且口碑极好，买过的顾客都愿意把这款推荐给自己的亲戚朋友，因为它非常好打理且不变形。”

顾客：“你是忽悠我吧？布艺沙发哪有可能不容易变形的呀？”

导购：“呵呵，林小姐，我哪敢呀？您看，这是我们的工艺介绍，都申请国家专利了。这是一位顾客主动传给我们的照片，她自己用得非常满意，还推荐她表妹来买了一套不同颜色的呢。”

点评：这类顾客属于吹毛求疵型的。他们疑心重，不会轻易相信别人，对导购总是抱着怀疑的态度，认为导购是“王婆卖瓜自卖自夸”。他们争强好胜，喜欢与人争辩，不喜欢别人发表不同的意见或看法。

这类顾客相对来说比较难以应付，大有软硬不吃的架势。但是，作为导购，一定不能就此退缩，要知道，任何一位顾客的最终目的都是为了能够找到自己满意的产品，所以，对于他们提出的异议，导购一定要给出详细的解答，并且一定要用事实来支持自己的说法。

正确应对示范 9

顾客：“这整体浴室质量不会有问题吧？之前看到报纸上报道说玻璃爆裂啊什么的，挺吓人的。我是不想装这个的，却拗不过我们家领导……”

导购：“李太太有您这样一位宠她、爱她的好老公，真是让人羡慕啊。就像您要对您的家人负责一样，我们也会对我们的产品负责。我们的产品都是获得 ×× 认证的，安全绝对有保证，您完全可以把心放回肚子里。而且从去年开始，公司还向每一位顾客赠送一份 ×× 保险公司的 ××× 险，可以说是多重保险保您无后顾之忧。您看，这是……，这是……。这款产品上市也不是一天两天了，老顾客的口碑都相当地好，前天有位顾客王先生还特意介绍他的棋友过来定了一套呢。”

点评：这类顾客属于畏首畏尾型的。他们跟优柔寡断型的顾客有些类似，也是不会轻易作决定的，只是他们的犹豫更多地来自对产品的不确定和不信任。

面对这类顾客，导购要充满自信地展示自己的产品，可以让一本本的证书佐证你所言非虚，也可以举真实的成功案例，以老顾客的评价来保证产品和服务的质量。必要的时候，还可以辅以公司的形象和信誉来博得他们的信赖。

正确应对示范 10

导购：“林小姐，您对这套法式家具还满意吧？这可是我们首席设计师的力作。”

顾客：“这有什么哦。我可是在法国留学十年回来的，来来，给你看看我那时公寓的照片，这才是正宗的法风家私。”

导购：“哇，林小姐，我就说您浑身洋溢着一股浪漫的气息，原来您是从法国回来的海归啊。”

点评：这类顾客属于自我吹嘘型。他们虚荣心强，有一种本能的炫耀心理，对导购的介绍不屑一顾，极力想昭显自己的学识、见识不同一般人。

面对这类顾客，既然他们喜欢吹嘘，你不妨奉陪到底，做一名忠实的听众，少说多听，不时地点头称是，表现出一副羡慕钦佩的表情，以满足他的虚荣心。当他们的虚荣心被填满的时候，再提出交易请求，成功率往往是最高的。

情景 5：有些顾客实在不好沟通，真是累

错误应对

1. 一律按自己设定的沟通模式与顾客沟通。

点评：导购面对的顾客各有性格，千篇一律的沟通模式是行不通的。

2. 这些不是“好顾客”，不要过多理会他，还不如多接待些其他顾客呢。

点评：挑顾客的导购永远成为不了优秀的导购。

情景解析

对于导购，每天都要接待一批又一批不同类型的顾客。由于个人性格、经历的差异，在沟通的时候，有些顾客会让你感觉很好沟通，不管最终买还是不买，起码在销售沟通上没什么太大问题；而有些顾客就不一样了，你会觉得他们实在难以沟通，甚至会认为和这种人说话都感觉累。

其实，出现与顾客难以沟通的情况，主要原因就在于没有对准顾客的“频道”。我们知道，收听电台时，只有调到合适的频段，才能听到悦

耳的声音。同样，与顾客沟通时，导购也必须对准顾客的“频道”。只有懂得“看人下菜碟”，适应对方的沟通方式，找到与对方的共同语言，才能引起对方的共鸣，沟通也才会更加顺畅。

情绪同步

“情绪同步”是指在情绪上与顾客处于同一频率，在情绪起伏上与顾客保持一致。对方严肃，你也要跟着严肃；对方随和，你也要跟着随和。必要的时候，要做到“悲对方所悲，喜对方所喜”，力求在情感上引起对方的共鸣。

几乎所有导购都认为，和顾客洽谈时一定要保持愉快的心情，把笑容挂在脸上，以热情洋溢的态度和顾客说话。但有时候，这一招并不一定奏效。因为你的顾客，并不一定经常笑容满面，并不一定天天心情愉快。

当你与一个一脸阴沉、言语沮丧、看上去刚刚遭受了挫折或者打击的顾客谈事情时，如果你总是笑容可掬、神采飞扬，甚至时不时地开玩笑讲笑话，想想看顾客会有什么感受？恐怕是心里觉得很别扭：我这儿正难受着呢，看把你美的。反差太大，你的热情他接受不了。

相反，如果你能与顾客做到“情绪同步”，根据顾客的脸色说话，适当调整一下自己的神色和语调，用比较严肃的神态和缓慢一些的语调跟他说话，他的感受就会好得多，他甚至会因为你“善解人意”而对你产生好感。

由此可见，与顾客“情绪同步”是获得对方认可的一个重要手段。情绪同步会让顾客获得亲近感，认为你是理解他、尊重他的。这样，你就能快速地进入顾客的内心世界。

⊙案例

最近家里发生了很多事情，王经理心里非常烦。可是烦归烦，工作不能不干，他还是硬着头皮接待了两位前来拜访的销售人员。

第一位销售人员一看到王经理，就满脸笑容，大声说道："王经理，好久不见了。听说你前几天休假了，玩得很不错吧？昨天我们公司也组织去武夷山玩了……"王经理不耐烦地摆摆手，"有什么事，赶紧说吧。"销售人员马上就拿出一份合同，"王经理，上次您让我今天带合同过来……"一听到合同，王经理就火了："上头还没批呢，你过几天来吧。"

第二位销售人员一进门，看到王经理心事重重，马上把笑容收了起来，"王经理，怎么回事？什么事情能让你如此发愁？"王经理接口就说："唉，谁没有个烦心事啊。我家里……"一个多小时下来，两个人都只是在相互倒苦水，丝毫没有谈及生意的事情。最后，王经理说："行啦行啦，烦心的事情放一边，我们谈谈正事吧。你上次的方案，我给上头看了，觉得很不错，有几个地方修改一下就可以了……"

共识同步

在销售过程中，绝大部分导购都有一种思维惯性和思维定势，当顾客提出反对意见时，他们总是想方设法地竭力辩解，并且不时地冒出"但是"、"可是"、"就是"这样的字眼。殊不知，这样的字眼经常会令顾客感觉受到排拒，拉远了与顾客的距离。想想看，如果有人对你说，"您是个好人，但是……"你会觉得舒服吗？

要减少对方的对立情绪，当你表达不同意见时，不妨多用"同时"这样的词，放弃"可是"、"但是"、"就是"这些令人不舒服的转折词，以减缓顾客的对立情绪。这就是通常所说的"合一架构"，即当与对方有不同意见时，不要用转折词否定别人，而使用"同时"等连接词为自己的观点另开一条路，以避免造成对方抗拒的心理。简单地说，"合一架构”其实就是“好……同时……”、“感谢……同时……”和“同意……同时……”三种句型的运用。

合一架构		
句　型	要　点	举　例
“好……同时……”	在夸奖对方的同时，真诚地给予更好的建议。	“这套沙发显得很大气，（同时）配上那款茶几，会更为气派。”
“感谢……同时……”	不要给对方直接的反击，以免让对方难堪。	“非常感谢您的建议，同时我们公司有自己的规则。”
“同意……同时……”	在表示认同的同时，提出你的意见。	“我同意您的说法，同时也请您考虑我们的难处。”

生理状态同步

为什么有些喜剧演员只是说了一句没什么意义的话，却能引来观众的哄堂大笑？没有别的，就是因为他们的表情、他们的动作。交谈中，人们通常会借助某些肢体动作和表情帮助进行有效的交流。研究发现，人与人之间的沟通，文字占 7% 的影响力，语气和音调占 38%，而肢体语言则占 55%。一个人的举止动作、呼吸和表情在沟通时所代表和传达的信息，甚至要超出他口中所说的话。

生理状态同步会使沟通产生意想不到的效果。很多时候，“见人是人、见鬼是鬼”甚至要比“见人说人话、见鬼说鬼话”高明十倍八倍。如果两个陌生人拥有类似的肢体语言，他们往往会觉得一见如故，彼此感觉特别的亲切。并且，这种感觉的产生是无意识的，所以“生理状态同步”通常也被称为是一种潜意识沟通模式。

要做到生理状态同步，最为重要的就是模仿。模仿会拉近双方的距离，就如恋人间会无意识地调整自己的呼吸与对方同步，朋友间会不由自主地模仿对方的习惯动作，夫妻间会越长越像或者说表情越来越接近。当你使用与对方相近的肢体语言、面部表情和对方沟通时，对方会下意识地喜欢上你、接纳你。

必须注意的是，模仿不是故弄玄虚地摆弄肢体语言，更不能刻意模仿对方生理上的缺陷。如果对方行动不便，脚有缺陷，而你却去模仿他走路的样子，或者对方说话口吃，你却去模仿他的口吃，势必会弄巧成拙，让对方觉得你是在嘲笑他。这种“同步”是要不得的。

语气语调同步

每个人说话的语气和语调都不相同。有的人说话声音洪亮，有的人说话细声细语；有的人说话快如弹珠，有的人说话慢条斯理，有的人说话不紧不慢。试想一下，如果你遇到的是一位说话声音大、速度快的顾客，而你却用你一贯缓慢的说话速度且低沉的音调去和顾客交谈，顾客会有耐心听你把话讲完吗？

沟通中，“合拍”很重要，拍子和上了才会一步一步地走下去。性子急躁的张飞如果去和慢性子的唐僧做生意，一定会把张飞活活气死。当顾客感觉到你的说话方式和他一致时，他会更乐意和你交流，从而有利于建立你的亲和力，达到更好的沟通效果。统计发现，成交率大的单子往往是在和顾客进行充分沟通的情况下产生的。

作为导购，你只能自己去适应顾客，而不能要求顾客适应你。因此，在和顾客交谈时，导购一定要根据顾客的习惯进行适当调整，尽量使你的语气语调和顾客同步。如果顾客说话时常停顿，你也得和他一样时常停顿。如果顾客慢条斯理，你就要放慢说话的速度，这样他才听得更为真切；否则即使你说得再好，他可能还没反应过来，根本没有听懂你说的话。

语言文字同步

为什么很多本科生的销售业绩比不上那些中专生甚至是高中生？除了能力、勤奋等因素外，缺乏共同语言、无法与顾客达成“语言文字同步”是一个非常重要的原因。对于一些文化素质不高的顾客或者装修师傅，书生气太浓的本科生往往无法与其很好地沟通。

所谓“语言文字同步”，指的是在销售过程中，导购应该针对不同顾客的文化程度、表达习惯和理解能力等来调整自己说话的内容和方式，尽量使自己使用的语言文字和顾客相近，这样，顾客就更容易接纳你，并乐于和你沟通。

⊙小故事

《圣经》旧约“创世纪”中记载着这样一件事：诺亚领着他的后代乘着方舟来到一个地方，居住在这块平原上，他的子孙打算造一座通天庭的通天塔以扬名显威。上帝知道后深为不悦，但他没有去直接阻止他们造塔，而是搅乱他们的语言，使他们彼此语言不通，结果由于缺乏共同语言，无法协作配合，通天塔始终未能建成。这一故事充分说明共同语言在与人沟通中的重要作用。

那么如何才能做到与顾客语言文字同步呢？

（1）发现对方的语言习惯

每个人的说话方式都不一样，有的人喜欢用惯用语，有的人喜欢用专业名词，有的人喜欢用一些语气助词。面对第一次接触的顾客，你不可能马上就知道对方的语言习惯，这需要你仔细去观察，否则永远无法做到与顾客语言文字同步。

（2）复制对方的习惯用语

发现了对方的语言习惯，导购就要学会适当模仿。每个人都有相应的口头禅，顾客也不例外。如果有心的导购在和顾客沟通的过程中，能够观察出对方的口头禅并有效地加以复述，用相应的口头禅来回应他，那么顾客听起来就特别顺耳，会对你产生亲切感。

比如，当遇到这样一个顾客，他每表达一个观点之前都要说：“怎么说呢……”，你就可以学他的方法，在表达你的意思的时候也说：“嗯，陈先生，怎么说呢……”然后再继续介绍你的产品。这样做起来很简单，效果却出奇地好，让顾客觉得你和他是同类，自然就会心生好感。

必须注意的是，复制对方的习惯用语时，导购一定要表达得很自然，就像它们本来就是你的口头禅一样，否则不但不能促成销售，还可能会被顾客扫地出门。因为如果你说得生硬，顾客就会觉得你是在故意学舌，从而对你产生反感。

（3）不要说会“引起危机”的话

与顾客洽谈时，千万不要使用容易引起误会的语言文字。不要以为用偏涩的词汇就能显示出你的学问，其实这样说话不但让人听不懂，而且会弄巧成拙，引起别人对我们的疑虑，或认为我们故弄玄虚，故意卖弄。

有些学问比较高深的人喜欢用深奥的学术用语，但如果不是在学术辩论会上，满口的新名词即使用得恰当，也不见得受欢迎。随便滥用学术用语，听不懂的人不知道你在说些什么，而且会以为你是有意在他面前夸耀自己的才华；听得懂的人则觉得近乎浅薄。

在不知对方的文化程度时，用什么字眼也要小心。有些人特别是现代都市白领，不管对方是什么人，也不管懂不懂外文，就随便在话中夹入外语和外来语，这就可能让对方误会误解，觉得你看不起他，甚至望而生厌。交谈是双向的，如果只是你在说，对方却不理睬你，这样的沟通是失败的。

正确应对示范 1

导购：“陈先生，您觉得这款沙发怎么样？”

顾客：“怎么说呢，款式还算大气，就是颜色不够鲜亮。”

导购：“嗯，陈先生，是的，这款沙发的颜色是深色系的，自然不够鲜亮。不过，怎么说呢，如果颜色太鲜亮，档次就上不去了。像您那奔驰，车身也是黑色的吧？高档商务车，车身基本上都是深色系的，这样才能体现档次嘛。”

顾客：“嗯，这倒也是。”

点评：在沟通中，适当复制顾客的习惯用语（比如案例中的“怎么说呢”），会让顾客觉得双方谈得来，从而更容易接受导购的观点。

正确应对示范 2

顾客：“唉，装修真是无底洞，买瓷砖也超标，买实木门也超标，这不，家具这一块看来又要超标了。”

导购：“是啊，现在装修一套房子真不容易。我碰到过好多顾客，大家一谈到装修头都大，现在的材料、工钱都太贵了。”

顾客：“是啊，真是太可怕了。这样吧，你看看这套沙发能不能再优惠点，1 万 3 怎么样？”

导购：“大姐，说实话，我也很想 1 万 3 卖给您，只是我们这个价格已经是底价了，这次是国庆搞促销，平时这款沙发都要卖 2 万多的。您看，这款沙发款式新颖、大气，（同时）材料也是当今流行的……”

点评：当顾客感慨说“装修太贵”，导购要学会与顾客共识同步，赞同“装修不容易，材料工钱都太贵”，这样顾客心理就会舒服点，而不是反驳顾客说“哪里贵了，我们这款沙发已经非常便宜了”，那样顾客会觉得你丝毫不顾及他的感受，甚至会觉得你太拽了。

情景 6：顾客看了一圈，突然产生了不满情绪

错误应对

1. 莫名其妙的，真是有病。

点评：如果是口头上直接这么说，肯定会引起争吵。即使只是心里默默地说，也会在表情上有所表现，从而招致顾客的不满。

2. 爱怎样就怎样，我该怎么做还是怎么做。

点评：顾客就是上帝，即使你觉得自己全对，可是只要顾客认为你错了，那你肯定是在某些方面有些问题。

情景解析

导购是引导顾客进行消费的人，只有让顾客有了好的心情、好的体验，才能使得导购的过程更加愉悦和顺畅。顾客突然间的不满，多是由于导购服务不到位造成的。如果导购能意识到问题所在就应该及时地作出解释，将小问题消灭在萌芽中；如果实在是不清楚症结所在，也应该虚心地向顾客请教，只有这样，顾客的不满才不会像滚雪球一样愈演愈烈，导购的过程才能得以继续。

正确应对示范 1

导购：“不好意思，阿姨，我想是不是我的服务有什么不到位的，让您不高兴了？我是刚入职的新员工，希望您能帮我指出来，我一定会虚心接受并改正的。”

点评：向顾客说句“不好意思”其实并不是那么难。俗话说将心比心，导购诚恳的道歉不仅能化解顾客的不满情绪，而且，顾客还有可能因为你的真诚而感到不好意思呢。一句真诚的道歉，有着化干戈为玉帛的神奇力量。

正确应对示范 2

导购：“这位女士，是不是装修声音太大让您心烦了？实在是不好意思哈。我们为了提升自己店面的形象，为您们提供更为舒心的购物环境，所以决定对门店进行重新装修。本来打算关店一阵子的，但是又时常有顾客想来实地看下产品和效果，关了店担心影响到顾客的家装进程，所以还请您多多见谅。为了表示我们的歉意，装修期间，凡进店订购产品的顾客，我们都会送上一台除味加湿器。您看，这是我们的产品图册，我们的品牌……（介绍产品的特点、优点等等）”

点评：话不说不明，只要你的解释够诚恳，顾客一定会表示理解的。有条件地赠送小礼品不仅拉近了与顾客的心理距离，也使得销售有了更大的可能性。

情景 7：顾客是朋友或熟人介绍来的，不知该如何接待比较好

错误应对

1. 和接待其他顾客一样，一视同仁。

点评：这种做法很容易招致新顾客的不满，甚至会招致朋友或熟人的不满。

2. 让其他同事帮忙接待。

点评：朋友或熟人给你介绍顾客，你却推给其他同事，以后谁还敢介绍顾客给你呢？

3. 直接告诉顾客，我只能帮这么多了，如果可以就买。

点评：话是实在，不过这也要看对方的性格。如果是朋友或熟人自己前来，这样接待倒还好；但如果是朋友或熟人的朋友，这样接待，对方可能会认为你不乐意接待他，不乐意帮助他。

情景解析

有人帮忙介绍顾客是好事，不过有时候这也够让导购头疼的。相比起来，大家更乐意接待老顾客介绍来的新顾客，而对朋友或熟人介绍来

的顾客却感到左右为难，尤其有些顾客不了解行情，导购明明已经尽最大努力给了最大优惠，却还嫌导购不够意思。

面对这类特殊的顾客，该如何接待比较好呢？

首先你要对朋友或熟人表示感谢，适当的时候打电话通知他，感谢他对自己的信任和支持，并表示会尽最大努力让顾客满意。其次，多了解一些这位新顾客的信息，如购买意向、预算、性格等等，正如兵家所云：知己知彼，百战不殆。

和新顾客初次见面，可以直接称呼其“×先生/×总”以拉近距离。接待要表现出十足的热情，不时地夸一下朋友或熟人的优点，说一些“张先生是个很豪爽的人，对人很好”之类赞美的话。同时，感谢他们的信任，表示“既然您是张先生介绍来的朋友，我肯定会尽心尽力为您服务的”。然后仔细询问顾客的需求，结合先前从“张先生”那里得到的信息，有的放矢地向他推荐。但是，不要轻易作出承诺，因为最后承诺不能实现的话，不仅会对销售不利，还会影响朋友或熟人对你的好印象。

当销售进入价格谈判阶段时，新顾客肯定会要求跟普通顾客不同的价格。在情况允许的条件下，可以为其争取一些优惠。如果你想让新顾客成为你的忠诚顾客或者让其继续介绍朋友来的话，不妨要一些小手段。当顾客要求折扣的时候，你要表现出为难的样子，保证尽量为其争取，这样一来，顾客就能感受到你的真诚，你的朋友或熟人也会觉得你够朋友、够义气。

正确应对示范 1

导购：“张总，您好您好。虽然没见过面，但您的大名我可是经常听到啊，××× 经常在我面前提起您，说您为人实在，而且事业做得很大。”

顾客：“哪里啊，还是 ××× 的生意大，我这就是小打小闹而已。”

导购：“张总，您可太谦虚了。对了，张总，您这次准备看什么产品？”

顾客："是这样的，我的这套房子有送一个露台，大概 ×× 平，我想做成一个景观区。这方面我也不太懂，你可得上心帮我弄好些。"

导购："放心吧，张总，您是 ××× 的朋友，也就是我的朋友。我一定会尽力的。"

点评：朋友的朋友也就是你的朋友，如果能让顾客感受到你的这份真诚，导购过程就会变得更加的顺畅。

正确应对示例 2

导购："张总，您觉得这套 ××× 怎么样？"

顾客："嗯，这套确实还不错，就是价格太高了。××× 也算是你们的老顾客了，他把我介绍过来，你们看能不能再优惠点儿？"

导购："张总，您放心，我给您的已经是最优惠的价格了。真的很感谢 ×××，介绍您这么好的顾客过来。××× 是个非常实在的人，他也是对我们的产品有信心，才敢把自己的朋友也介绍过来。"

点评：老顾客的认可是最好的推荐信，所以，一定要让老顾客介绍来的顾客体会到与普通顾客不一样的被尊重和被重视的感觉，只要顾客体验度好了，新顾客的最终购买一般都不是问题。

情景 8：老顾客来了，不知道如何接待比较好

错误应对

1. 既然是老顾客，大家都熟悉了，接待随意点好了，不用像普通顾客那样客气了，否则就显得生疏了。

点评：越是老顾客越应该认真接待，你的敷衍只会让顾客感到备受冷落。

2. 不管新老顾客，一律同一对待，和接待新顾客没什么两样。

点评：既然是老顾客，就应该得到不一样的礼遇，否则，老顾客凭什么愿意为你的产品做免费宣传？！

3. 老顾客比较熟悉了，有新顾客来了就先接待新顾客，让老顾客自己坐会儿，泡泡茶，没什么关系的。

点评：疏忽了老顾客，就等于对存在于眼前的宝藏视而不见，是最愚蠢的做法。

情景解析

老顾客对于任何一家门店、任何一个导购而言都是一笔难能可贵的

财富，他们能一而再、再而三地光顾我们，本身就是对我们产品的极大认可。不光如此，他们的一句好评，有时候更胜过一名优秀导购的十句甚至百句，可以这么说，他们是不计报酬的宣传员。

有些导购可能会认为，反正是老顾客了，大家都挺熟悉的了，就不用特别招待了，往往只简单地以一句“欢迎光临”应付，遂而将老顾客晾在一边，自顾自地去招呼其他新顾客。殊不知，你的这种冷落会令老顾客伤透了心：用着我的时候是一个态度，用不着我了就这么冷淡。请记住，越是老顾客，越应该以加倍的热情去接待。

其实，老顾客的要求也并不高，他们只是希望能得到一些情感上的尊重而已。作为一名优秀的导购，要想有好的业绩，就一定不能让顾客有受冷落的感觉。一般来说，对于所熟悉的顾客，最好不要以一句简单的“欢迎光临”草草了事，而应带上姓氏以尊称致之，并给以亲切的问候或恰当的赞美。比如：“李小姐，好久不见，您最近挺忙的吧？”“张阿姨，早上好，今天阳光明媚，您也是容光焕发啊！”这，首先要从记住老顾客的姓名做起。

名字，不仅仅是一种人称符号，更是人生的延伸。对一个人而言，最动听、最重要的字眼，莫过于他的名字。名字的魅力非常奇妙，沟通大师戴尔·卡耐基有这样一句名言：“一种最简单、最明显、最重要的获得好感的方法，那就是记住他人的姓名，使他人感觉对于别人很重要。”作为一名导购，如果总是能够在第一次见面之后就迅速记住顾客的名字，并在下次见面时准确地称呼他们，那么，在表现出对顾客的重视和尊重的同时，也赢得了对方对自己的好感。记住顾客的名字，对于导购而言，其实就是无形的财富。

那么，怎样才能永远地记住顾客的名字呢？我们先来看一个小故事。

⊙小故事

有一件令法国皇帝拿破仑三世自豪的事：尽管日理万机，但他仍然能记住每一个参见他的人的名字。其实，他记名字的方法很简单：

（1）如果没听清来人的名字，他就说："请原谅，我还没完全听清您的名字。"

（2）如果来人的名字比较特殊，他就问："您的名字怎么写？"

（3）谈话时，他总要有几次提起谈话者的名字，努力把谈话者的名字同其本人的面部特征和整个外表联系起来。如果那人的脸引起他的什么兴趣，他就会非常关注他的名字。

（4）一个人的时候，他就在纸上写人的名字，看它，把它记在心里，然后把纸扔掉。

就这样，拿破仑努力通过视觉和听觉记住了每一个参见他的人的名字。这种做法让属下感到吃惊：他们的皇帝竟然对他们的情况知道得一清二楚。这种做法，让每个属下都能从拿破仑的谈话中感到他对自己十分在意，也使他们对拿破仑忠心耿耿。

日理万机的拿破仑尚能如此，作为导购，记住每一个顾客的名字更是应该的。我们可以参考拿破仑识记参见他的人名字的方法：

重复

很多人都有过这样的情况：刚刚认识的人，不到10分钟，可能就忘了对方的名字。这很正常，因为在销售中你的注意力并没有放在顾客的名字上，而是放在了生意上。在这种情况下，重复、反复提及对方的名字是最好的记忆方法。

重复是记忆之母。上学时，老师经常会让你抄课文，或者一遍一遍地让你朗诵，目的就是让你记忆。一次两次记不住，三次四次记不住，那十次八次呢？重复多了你自然就会记住了。因此，初次与顾客见面并被告知姓名时，最好在交谈中多重复几次。这样一再地重复对方的名字，一遍又一遍地输入自己的耳朵，便能够迅速而准确地记住别人的名字。同样，如果你想让别人记住你的名字，你就得多多利用机会在他面前重复你的名字。

人们总是很乐意帮助你念对他的名字的。如果你没听清楚顾客的名字，务必要请他再说一遍，比如“对不起，您能再说一遍吗？”不要因为不好意思而置之不理，否则当你叫错对方名字时就会更尴尬。如果对方的名字不好发音，千万别回避，那样只会使你永远也记不住顾客的名字，你可以这样问：“单刈先生，您的名字真特别，我念得对吗？”如果对方的名字比较特别，你也可以实事求是地请教对方“怎么写”。

巧分解

一个人的名字通常有两三个字甚至是四个字。把这些字分解开来，并有针对性地进行解析，有助于你记住名字。比如，“张华声”这样的名字就可以分解开来，“弓长张”，“华夏之声的华声”。

分解名字可以由顾客自己分解，也可以由自己进行分解。很多人在自我介绍时，通常会对自己的名字进行分解，比如有个小伙子这样介绍自己：“我叫张大壮，父亲给我起这个名字，大概是希望我长得高大强壮，但遗憾得很，到现在我还是那么消瘦。”如果顾客只是简单地报上名字，你也可以自己私底下把对方的名字进行分解，以加深印象。

记特征

当顾客递上名片或报上姓名时，千万不要草草看看或听听就了事，而应该对着对方的脸孔，记下他的名字，让他的名字与其表情、身材、面貌特征一起印在你的脑海中。尤其是对于一些与众不同、富有个性的人，把名字和他的个人特征联系在一起，通常会让人印象更为深刻。

此外，如果你觉得一个名字实在太难记，不妨问一问对方它的来历。或者，你也可以把他们的名字跟他们的特征编成顺口溜，这样就不太容易忘记了。

善联想

在记忆别人名字的时候，运用联想是一种很好的方法。联想，就是把顾客的名字与某些事物或熟悉的人名、地名、物名等等关联起来。比如，“张桂林”就可以和广西的旅游城市“桂林”联系起来；“宋舒婷”就可以和著名诗人“舒婷”联系起来。这样记忆的结果不但速度快，而且不容易忘。

此外，你还可以为顾客的名字安排一个故事。其实，很多人的名字后面本身就有一个动人的故事。他们非常愿意与你谈起，这比谈论天气有意思多了。比如，当你知道顾客的名字叫“晴圆”时，你可以说：“‘月有阴晴圆缺，人有悲欢离合’。‘晴圆’真是圆满，好名字！”

书面记录

好记性不如烂笔头。晚上入睡之前，将当天所交换过的名片或通讯地址再拿出来看一遍，回忆交换名片的情景，并将名片分类整理，或把新结识的人的姓名及时记在通讯录上经常翻阅。对于一些容易发错音的名字，不妨在名片上记下拼音，并提醒自己反复拼读几遍。

正确应对示范 1

导购：“欢迎光临！两位今天是想看一下卫浴产品吗？”

（还没等顾客回答）

导购：“哎呀，这位不是李姐吗？您好久都没过来了呢，来来来，我们先这边坐着喝杯茶，慢慢聊。这位先生也请坐。”

顾客：“小刘你还真是好记性，我故意没跟你打招呼，就是想看看你还能不能认出我来。最近生意不错吧？”

导购：“承蒙您关照，还不错。对了，李姐，上次您还帮忙介绍陈总过来买产品，真心谢谢您啊。”

顾客：“呵呵，举手之劳而已啦。你看，这次我侄子要装修婚房买卫浴，我头一个又想到了你，到时候可一定要给我个实在价哦。”

导购：“李姐，这个不用您吩咐我也会做到的，这个是必须的呀。”

点评：第一时间、主动、准确地叫出老顾客的名字，会让老顾客感觉到他在你心目中所占的重要地位，导购与老顾客的情感距离会在瞬间拉近。老顾客的内心感受到了最大的满足之后，他会更加愿意尽心尽力地为你做免费宣传员。

正确应对示范 2

导购：“欢迎光临！哟，是李总啊，什么风把您给吹来了，快请坐！”

顾客：“呵呵，我今天就随便看看。”

导购：“我一个朋友开茶庄的，昨天给了我半斤上好的正山小种，刚沏好，您尝尝。”

（这时，又有新顾客进店）

导购：“不好意思，李总，您先稍坐，我先去招呼一下，马上回来。”

（在给新顾客介绍产品的时候，老顾客也参与进来了，并且以用户的身份向新顾客推荐起产品的优点来。最终成交，皆大欢喜，送走了新顾客）

导购：“李总，刚才真是谢谢您了。您的推荐太专业了，太有说服力了，要是您没在，说不定我跟他多说半个小时也没这效果。”

点评：不管老顾客来店是否有购买的需求，你都不能表现出任何的怠慢。记住老顾客的名字，让他感觉到你对他的尊重，说不定在不经意的时候，老顾客会给你意想不到的、极大的帮助。

情景9：接待了一位老顾客，不知怎的，他最后悻悻地离开了

错误应对

1. 走就走了呗，我又没做错什么。

点评：顾客就是上帝，上帝都离你而去了，你还期望能赚到什么钱？！少点嘟嘟囔囔，多反省一下自己是不是在对待老顾客的态度上出了什么差池。

2. 这个李姐，真够小心眼的，说走就走，好像还气鼓鼓的，大家都那么熟了，何必呢？再说了，没看着我正忙着吗？

点评：老顾客，这样的身份非常微妙，他是介于陌生人跟朋友之间的一个角色，所以，请不要试图用对待自己铁哥们的方式来对待老顾客。

3. 您买过我们的产品？我怎么一点印象都没有呢？

点评：确实，不是每个人都能记住所有自己接触过的人的姓名、长相，但是作为一名导购，即便你真的忘记了眼前这位顾客曾经购买过你的产品，你也应该把话说得委婉一些。这样直白的问话，顾客完全感觉不到你对老顾客的重视，而只会让顾客觉得你太世故、没人情味。

情景解析

美国汽车销售大王乔·吉拉德是世界上最伟大的销售员，他创造的每天销售 6 辆汽车的吉尼斯世界纪录至今无人打破。他认为每一位顾客身后，大体有 250 名亲朋好友。如果您赢得了一位顾客的好感，就意味着赢得了 250 个人的好感；反之，如果你得罪了一名顾客，也就意味着得罪了 250 名顾客。这就是著名的“250 定律”。

可见，每一位老顾客都是一座宝藏。一个公司要想持续发展必须要有老顾客，一名导购要想获得并保持好的业绩也必须要有老顾客。可以不夸张地说，一个成功的销售，5 年后成交的顾客中起码有八成是老顾客，而 10 年后，则 100% 是老顾客。

正确应对示范 1

导购：“李姐，您先别着急走嘛，今天店里的客人稍微多了些，我照顾不周了，还请您原谅。您再给我十分钟，十分钟后我专门陪您，怎么样？对了，刚才一忙都忘了，我这里有上好的铁观音，来来，您先喝杯茶，消消气。”

点评：当气氛陡然变得尴尬时，作为导购一定要尽十二分的努力去挽回局面。如果你是真的忙，老顾客一定也会体谅，只是不能长时间地将其晾在一边，而应该隔五分钟十分钟的过来关照下，递本杂志或者换杯水，要让老顾客知道你没有忽略他。

正确应对示范 2

导购：“哎呀，看我这脑子。您是……李姐，对吗？”

顾客："我是姓李。"

导购："李姐，您可真的是很久都没过来了，害我差点都认不出您来了，我道歉我道歉。我记得您是前年夏天的一个台风天来的，对吧？那个雨大的呀，啧啧。"

导购："亏得你还真记得我。话说回来，还真得再谢谢你那天冒着雨帮我出去拦的士。所以呢，这一段我表弟家在装修，我第一个就推荐了你。"

点评：忘记了老顾客的名字实在是一件不应该的事情，这就好比明明挖到了一块金子，却把它当石头丢掉一样。如果没能及时地记起老顾客的相关信息，送上门的生意都会溜走。

情景 10：同行顾客之间意见不统一，不知道该听哪位的

错误应对

1. 只追着目标顾客讲话，根本不理其同行者。

点评：既然同行，就说明他们之间的关系非同一般，同行者的意见对顾客的影响不容小觑，得罪了谁，都可能造成不可逆转的影响。

2. 认真听其同伴的意见，与其同伴站在一条线上。

点评：一味地附和其同伴，可能会给目标顾客造成错觉，认为自己被忽略或者被小看，从而导致销售戛然而止。

3. 不去瞎掺和了，让他们自行商讨决定吧。他们意见一致了再说吧。

点评：如果这样，还要导购干什么呢？这样应对的结果通常是，顾客什么都不买就离去了。

情景解析

在销售中，目标顾客是最终的购买者，导购当然要给予重点照顾，但同伴的意见在销售过程中起着重要的作用，同样也不能对其同伴的意见置若罔闻。如果目标顾客是没有主见的，或者他对其同伴的意见非常

非常重视，导购可以对同伴的意见给与充分的肯定，将其同伴转化到自己的阵营中，成为隐形的“兼职导购”；如果目标顾客有自己的主见，或者对其同伴的意见并不认可，导购要在不得罪其同伴的基础上，从目标顾客所关注的点出发来介绍自己产品的优势和特点。

正确应对示范 1

导购：“（对顾客）您这位朋友对买 ×× 还真的是挺内行的，而且处处为您考虑，能有这样一位朋友真的是太难得了。（对其同伴）这位先生，想请教一下，您觉得是什么地方让您觉得不合适的呢？我们可以交流一下，一起来给您的朋友一些建议，帮他找到更适合他家整体风格的 ×× 吧。”

点评：有些导购面对单个的顾客还能应对，但面对结伴而来的顾客时，就显得紧张局促，容易被人牵着鼻子走，失去了主导权。其实，“多个朋友多条路，多个敌人多堵墙”，对于结伴而来的顾客，导购只要能清楚地分析出谁更有决策权，就可以见招拆招了。

正确应对示范 2

顾客 A：“妈，我还是喜欢机器猫图案的那套。”

顾客 B：“儿子啊，你都多大了呀，还整天机器猫机器猫的，太幼稚了。还是这套好。”

导购：“呵呵，看来机器猫真的是不分男女老少，人人喜爱啊。就昨天，一对忙着布置婚房的小夫妻也定了一套机器猫图案的，跟您儿子看中的是同一个系列，说是机器猫是他们童年的回忆，也是他们爱情的见证。我们的这个机器猫系列呢……（介绍产品的设计初衷、特色、优势）”

点评：结伴而来的顾客之间意见不统一时，导购要及时地转化为中间人，用一些专业的知识或者例举等方法，使顾客间的意见趋于一致，这样不但可以使销售顺利成交，而且能够增进感情上的沟通。

情景 11：顾客带着木工师傅来，看样子是准备看好款式后自己做

错误应对

1. 说些不好听的把他们轰走。

点评：这样做只会自损品牌形象。要知道，顾客的需求很多时候都是被引导出来的，只要顾客还没有作出最终的决定，导购都还有机会说服顾客，轰走顾客的做法等于直接放弃。

2. 爱看看去。冷脸。

点评：这种完全不作为的方法也是不可取的，顾客这次不买，并不代表下次也不会买。导购应该抓住任何展示自己产品的机会。不去试，怎么就知道没有希望呢？！

情景解析

经常听到有朋友抱怨说："哎，这次装修又没有 hold 住预算，要是×××、××× 让木工做，估计能省下不少。"这说明了两个问题：一是现在的物价越来越高，买什么都贵；二是品牌的东西通常还是能胜过木工

所做的。

很多时候，顾客的需求都是被引导出来的：原本没打算买的，最后买了；原本没打算买那么好的，最后买了。这就是导购的作用。当顾客带自家的木工进店看款式准备回家自己打造时，导购既不能冷脸相对，也不能置之不理。导购要做的应该是用相对温和的方式来接待顾客：先让顾客对你个人产生一定的好感，这能让顾客的防备心大为降低；接着，可以通过灵活的对比，让顾虑清楚地认识到木工所做的家具有很多不足之处，从而将顾客往品牌家具上引导。

正确应对示范

导购：“一看大姐您就是个精打细算会过日子的，现在什么都涨价，随便装修一下十几二十几万就没了。看您这位师傅也是位老师傅，手艺应该是不错，像桌子、椅子啊什么的，自己做一下也是个省钱的办法。但是，我建议床、沙发等等还是要买品牌的。您想啊，我们一天当中差不多1/3的时间都在睡眠，品牌的东西在人体工学等等方面肯定是比自己做的要好很多，睡着才会更健康；而沙发，摆在厅里，客人一来就能看得到、坐得到的，不够档次的话也不太好。我们的产品在材质、做工、售后服务等等方面都没得挑，您看的这款沙发，它……”

点评：你对顾客的认同可以换回顾客对你的认同。对于顾客的通盘自造，导购没有必要嗤之以鼻，也没有必要强迫顾客全部的家具都买品牌的，而可以采取局部突破的方法，从顾客可以接受的方面开始进行推荐，再渐渐地往更多的产品上扩展。

第二章　产品要这么推介

情景 1：导购要为顾客讲解，顾客却说“我随便看看”

错误应对

1. 好的，那您随便看看吧。

点评：显然，这样应对太过消极，不够热情主动，很有可能顾客真的就“随便看看”后离开了，从而失去了一个潜在顾客。

2. 觉得顾客没有诚意，扔下顾客不管，转身去接待另一位顾客。

点评：很显然，这样应对说明导购觉得该顾客没有多少购买意愿，所以就不愿意花心思花精力去接待该顾客，选择了放弃。这种草草应付顾客的做法，容易让顾客觉得自己受到了忽视，从而对导购产生不满。其实，顾客说“随便看看”，并不是表示顾客没有诚意，可能是顾客的性格使然。

3. 寸步不离地跟着顾客。

点评：顾客既然已经说明要自己“随便看看”，导购还寸步不离地跟着顾客，就会让顾客觉得不自在，从而给顾客造成更大的压力。

情景解析

顾客上门，一般而言，导购都要热情地予以接待并对相关产品作出推介。但是，人各不同，有的顾客就是喜欢自主地选择自己想要的产品而不喜欢别人过多地干预，同时，很多顾客在与导购接触时，都会抱着防备的心理，害怕自己一不小心就落入导购的“手中”，成为待宰的羔羊。因此，尽管导购热情接待，还是会有一些顾客会以“随便看看”应对。此时，导购该如何处理呢？

具体分析起来，顾客想自己随便看看，无非有以下几种情况：第一种情况是顾客本能的防备心理，想自己先熟悉一下卖场环境，或者跟在别的顾客后面先行了解情况；第二种情况是顾客有些紧张，不想一进来就直接面对导购，而是想通过随便看看来消除紧张情绪；最后一种情况，就是顾客可能是还没有明确的购买计划，真的只是路过进来逛逛而已。

无论是哪种情况，顾客是上帝，所以他可以说“随便看看”，但导购却不能随便地对待顾客，而是要引导顾客购买，否则就失去了自身存在的意义了。当然了，既然顾客已经表明自己想要“随便看看”，导购就不能寸步不离地跟着顾客，否则这种“热情过度”的接待会让顾客更感觉到不安，给顾客造成更大压力。

既不能随便对待顾客，又不能寸步不离地跟着顾客，那该如何接待呢？有一个简单的方法，那就是适当地与顾客寒暄几句，给接下来的销售沟通添加点“润滑剂”。所谓“寒暄”，其实就是寻找一个顾客感兴趣的话题共同讨论，营造一个轻松的聊天氛围，从而自然而然地拉近彼此之间的距离，再适时地把话题引入正题。对于销售而言，寒暄就好比是乐曲的过门儿，巧妙的寒暄是交谈的“润滑剂”，是销售洽谈最好的铺垫，旨在创造出一种和谐的销售气氛。

寒暄的关键在于话题的选择。其实，寒暄并没有绝对的界限，凡是能引起对方兴致的话题都可以作为寒暄的话题。俗话说，“酒逢知己千杯少，话不投机半句多”，最安全的寒暄话题就是天气和顾客的专长喜好了。试想一下，如果别人在不经意间谈到你的专长爱好，你是不是会产生一种莫名的亲切感，甚至会产生倾诉的欲望，滔滔不绝讲个不停？因此，在销售洽谈之前，我们导购要尽量设法了解顾客的专长爱好，并以此为突破口与顾客闲聊，以赢得顾客的好感。聊天气就更是强保险，因为人人都可以感受得到，也符合中国人的聊天习惯。

虽然寒暄只是随意的聊天，内容也五花八门，但是如果你经过精心准备或仔细观察，那就能快速打造出轻松、融洽的氛围，让顾客产生好感。想成为一名优秀的导购，最好能在平时就培养广泛的兴趣和爱好，信息量越大，就越容易找到共同话题。

正确应对示范 1

导购：“您好，欢迎光临×××。小姐，请问您是第一次来×××吗？”

顾客：“是的。”

导购：“（递上名片）哦，我是您的家居顾问××，您叫我小陈就可以了，请问怎么称呼您呢？”

顾客：“我姓杨。”

导购：“杨小姐，您好，非常高兴能为您服务。请问您是想看看沙发，还是床铺？”

点评：有些导购，在迎接顾客时总喜欢先问顾客：“请问今天买点什么？”或“请问买家具吗”，这样顾客往往会回答“随便看看”，使销售陷入僵局，导购处于被动状态。要避免顾客说出“随便看看”这样的话语，最好不要这样发问。

正确应对示范 2

导购：“您好，欢迎光临×××。小姐，请问有什么可以帮到您的吗？”

顾客：“我就是随便看看。”

导购：“这位小姐，您皮肤可真好啊，一点瑕疵都没有，真是让人羡慕啊。”

顾客：“呵呵，谢谢。其实我以前皮肤也挺差的，不过后来喜欢上了泡温泉，不知不觉就好了很多。”

导购：“是这样啊。女人是水做的，看来真的是一点都没错啊。真巧了，我们这里刚好新上了一款按摩式浴缸，×××的设计，还采用了最新型的人体工学技术，可以让您足不出户就可以尽情地泡玫瑰花温泉、泡盐浴，您可以了解一下。咱们××市，最好的温泉应该是×××温泉了吧？可是据我所知，那么高端的温泉有几次抽查水的质量都没过关。所以说，像您这么精致的人，又有条件在自己家泡温泉的话，真的是太完美了，您的皮肤一定会更加地吹弹欲破。”

点评：顾客的需求很多时候是被引导出来的，不管顾客是不是真的只是“随便看看”，导购都要努力了解顾客的真实状态，只有这样，才能作出有针对性的推介，获得顾客的认同。不要轻易放弃任何一次机会，要时刻准备着，因为机会只留给有准备的人。

情景 2：向顾客做推介时，顾客总是不爱言语

错误应对

1. 顾客不说就算了，爱买不买。

点评：这种心态肯定不会有好业绩。顾客不说话，难道能当成你放弃的理由？！

2. 苦苦追问顾客，一定要让他说出来。

点评：苦苦追问只会引发顾客的反感，而没法获得更多的信息。

3. 他不说话我也不说话，看谁耗得过谁。

点评：和顾客斗气是没有意义的。顾客大不了一走了之，而你呢，就失去了以此销售的机会了。

4. 自顾自地说下去，反正我给他介绍过了，买不买他自己定。

点评：这样解说又有什么意义呢？顾客有没有听进去不说，就算顾客听了，也只是一个头两个大，根本抓不住重点，或者没说到他的心坎里。

情景解析

导购的工作说到底就是与顾客的沟通。我们都有两只耳朵一张嘴，

在向顾客做推介时，切忌只说不问，同时也要注意顾客的反应，从而不断调整自己的介绍。夸夸其谈的自我解说是起不到多好的效果的，顾客会觉得很累，提不起注意力，甚至根本就没有在听你的解说。你应该适当地与顾客沟通，最好的方式就是通过发问让顾客参与进来。

正确应对示范

导购：“李小姐，您看的这套橱柜非常有文艺范儿，上周有位开画廊的老师就定了一套。我看您的气质，一定也是跟艺术有关系的。我说的对吗？”

顾客：“呵呵，你倒是很会看人嘛。我也是开画廊的，我确实挺喜欢你们这套橱柜的，但是我想能不能把我自己的作品放进去。你们能定制吗？”

点评：顾客不说话，原来是在思考问题。但是，如果不是导购主动询问，恐怕要顾客说出自己的想法还得等上一些时候。准确了解顾客的需求，导购接下来的推介才有了目标，成功的可能性也就更大。

情景3：顾客问："这款沙发有红色的吗？"

错误应对

1. 不好意思，红色的都卖完了。

点评：听了这话，顾客可能感到失望，继而就离开了。

2. 为什么非要红色的呢？

点评：这样的回答让顾客感觉不舒服。顾客要什么颜色是顾客的事情，作为导购，你只能引导顾客，而不能去质问顾客。

情景解析

事实上，导购的工作可不简单，导购不单单是销售人员，他还是顾客的消费顾问和心理分析师。导购不仅仅要向顾客推介产品，还要紧紧抓住顾客的心理，引导顾客的购买行为。

面对顾客提出的这类问题，很多导购都会觉得如实回答肯定没问题，而且这种问题骗也骗不了，没有就是没有。问题是，如果这样回答，顾客可能转身就走了。其实，顾客想要红色的沙发，这只是他的初步意愿，如果没有找到他中意的，只要能够让他感受到其他颜色其实也不错，那他就可能会改变了想法。

当然，想要引导顾客的购买行为，就必须学会多用肯定句，少用否定句。因为同样是提出建议，肯定句式是在肯定顾客陈述的基础上提出的，容易被顾客接受；而否定句式则是在否定顾客陈述的基础上提出的，会使顾客产生一种被轻视、被挑衅的感觉，从而产生抵触情绪而不愿意接受。

艺术地使用肯定句式的回答方法，可给顾客以亲切、可信的感觉。

正确应对示范

顾客：“请问这款沙发有红色的吗？”

导购：“不好意思，眼下这款沙发只有米黄色和浅灰色两种，这两种颜色比较百搭，卖得也最好。能不能告诉我您家里的装修采用的是哪种风格？说不定我可以给您一些建议。”

点评：诚恳的寻问会拉近导购与顾客之间的心理距离，了解顾客家中的整体风格也会让你之后提出的建议更有建设性，赢得顾客的信任和眷顾。

情景 4：顾客对导购的推介好像没有什么兴趣

错误应对

1. 算了，顾客没兴趣就不说了。

点评：导购就是要引导顾客的购买行为，不去了解顾客为什么没有兴趣听你推介，就轻易选择放弃，实在不理智。

2. 按自己设定的一套模式继续推介下去。

点评：这样的推介不但不会吸引顾客的兴趣，反而会让顾客觉得你根本就是漫无目的地随便敷衍。

3. 一位女士，进店没一会儿就看上了一套真皮沙发，导购也适时地向她作了推介。女士对沙发的材料、做工、款式、颜色等等也都表示满意。

正当她掏出钱包要付款的时候，导购恭维了她一句："您真是好眼力，这个款式非常受欢迎，这个月从我手里就卖出去了好几套。"

没想到这位女士听了之后作出了一个让人惊讶的举措：不买了！导购诧异万分，就问她："这位女士，您能告诉我，为什么您突然又不买了吗？"

这位女士微微一笑，回答说："没什么，我只是不想让我的客厅像快捷旅店那样没有特色。"

点评：自以为是的导购最终还是搞砸了这单即将成交的生意。要知道，不同的顾客会有不同的需求和关注点，只有投其所好地做推介，才能使销售过程得以顺利进行。

情景解析

为什么顾客会对导购的推介没有兴趣？其中一个主要原因，就在于导购的推介没有引起顾客的共鸣，没有抓住顾客的关注点进行推介。

推销的一个基本原则是，“与其对一个产品的全部特点进行冗长的讨论，不如把介绍的目标集中到顾客最关心的问题上”。任何一款产品都有诸多卖点，导购在向顾客推介时不能面面俱到，而应抓住顾客最感兴趣、最关心之处作重点介绍。

把握顾客的需求

有人说，世界上最长的距离是从顾客的口袋到销售人员的口袋。其实，这段距离并不遥远，只是我们人为地把距离拉远了：我们常常只把焦点放在顾客口袋中的钱上，而忽略了顾客的真正需求和关心的重点。

汤姆·霍普金斯说过：“只卖客户想要的房子，而不卖自己想卖的房子。”在向顾客展示产品利益之前，导购还必须了解顾客的需求，明确哪些利益对顾客有用，才能有的放矢地进行推介。事实上，产品好与不好并不重要，顾客的需求才是最重要的。谁都想装修豪华，样样都是国际知名品牌吧？但如果顾客没有这种需求（买不起说到底其实也就是没有需求），他是不会去考虑的。

学会换位思考

人们总是只从自己的角度思考问题，而很少站在别人的角度考虑问题，为别人着想。其实，在导购活动中，换位思考非常有必要也非常有价值。简单地说，换位思考是一个逆向思维的方式，即站在对方的角度上去考虑问题，它有助于导购更好地理解自己与顾客之间的主要矛盾。并且，如果你能够在销售中多为顾客着想一些，能够在自己的能力之内多做一些对顾客有利的销售举动，顾客就会感受到你的真诚与爱心，就会更容易接受你。

很多大人都有这样的烦恼：三四岁的孩子都不喜欢待在商场，但有时候购物，又不得不把孩子带进商场，这时父母既要挑选商品又要哄孩子，经常是左右为难。为什么琳琅满目的商品、丰富的食品吸引不了孩子呢？大人们都不能理解，专家也解释不了是怎么回事。但有位儿童心理学家却轻而易举地回答了这个问题：如果大人们蹲下来，处在与孩子同样的高度环顾商场四周时，其实看到的只是大人们的腿。

大人们需要站在孩子的角度才能知道孩子在想什么。同样，导购只有站在顾客的角度才能知道顾客需要什么样的产品。如果顾客不接受你的建议，不购买你推介的产品，那么，你首先要做的就是站在顾客的立场，想想你为什么不愿意购买？只有设身处地地为顾客着想，并通过与顾客的沟通说服顾客，才能使顾客感受到我们的真诚，并愿意回报以同样的真诚。

换位思考，就要先把产品卖给自己！在向顾客销售之前，不妨让自己同时扮演两个角色，一个是顾客，一个是导购，并尽力自己说服自己购买。当达不到说服自己购买的效果后，就要花一些时间分析一下，自己的需求是否都已经被满足了？如果没有，你还有什么需求，是否一定要都获得满足才愿意购买？如果你能够成功地把产品卖给自己，成功就近在咫尺了。

抓住顾客的关注点

很多导购总是习惯以自己的方式进行思考，一味地向顾客推荐自己认为的好处和利益，这样很难吸引到顾客。聪明的导购会把焦点放在顾客的关注点上，摸清顾客的需求，明确哪些利益对顾客有吸引力，再着重对其进行推介。

利益是相对的。正如一位哲学家所说："对一个人来说是蜜糖，对另一个人来说是毒药。"不同的顾客有不同的需求，其关注点也并不相同。只有事先知道顾客的需求，并具体分析顾客的喜好、习惯，才能更好地满足顾客的需求，并使顾客真正满意，最后拥有顾客。就像一个人肚子饿了就应该让他吃饭，而不是让他喝水，因为喝水并不能满足他填饱肚子的需要。如果导购所推介的内容与顾客的关注点不一致，即使导购把这款产品说得再怎么天花乱坠也不会引起顾客的购买兴趣。因此，在导购过程中，导购必须了解"什么利益对这个顾客具有最大的吸引力"，"什么利益是这个顾客最为需要的"。只有了解了这些，并满足他迫切需要的利益，导购才能取得成功。

营销学中有个非常知名的产品介绍法，叫做FAB法，这里的F是指产品的特点，A是指这一特点所产生的优点，B是指这一优点能带给顾客的利益。只有了解并紧紧抓住顾客的利益点，才能将产品的特点和优点更好地介绍给顾客，才能更强烈地激发出顾客的购买热情。

请记住：在推介的时候，千万不要尝试去左右顾客的购买意愿，而应当向顾客描述符合其需要的利益，以做到有针对性、有重点的说明，这样顾客就会坦然接受你的推介。

那么，如何才能抓住顾客的关注点呢？这个就要靠导购的观察能力了。在寒暄过程中，在推介的过程中，导购应时刻注意顾客的反应，并揣测顾客的关注点。比如，在与顾客寒暄时，顾客的话题一直离不开钱，并说现在钱是越来越难赚了。这时，你就可以初步判断"价格"对他的购买决策有着很大的影响，你在介绍时就应向他着重说明价格的优惠性；而如果顾客全身名牌，衣着光鲜，那么价格问题并不是他最在意的，而品牌知名度、身份象征才是他的真正需求点。

正确应对示范 1

（顾客进店后，一言不发，只是自顾自也看，对导购的热情招呼完全置若罔闻。）

导购：“先生，您请随便看看，需要的时候请叫我，我会尽全力为您服务的。”

（之后发现顾客对某款家具感兴趣时，再上前招呼。）

点评：千人千面，每位顾客也都有自己的购物习惯。如果顾客不喜欢导购全程陪同的话，作为导购就应该保持平常的心，在察言观色中寻找适当的销售时机；一味的啰嗦只会让顾客心生厌烦。

正确应对示范 2

（导购笑脸相迎，顾客却冷冷地说：“我随便看看。”）

导购：“是的，装修房子可是件大事，现在市面上的产品不光款式多，就连材料也是五花八门，真的要多比较才行。您先随便看看，这一排是地板用的，这边的适合客厅、卧室，这边的适合阳台、厨房、卫生间，这一排呢是贴厨房、洗手间还有阳台墙壁用的。您是要用在哪个位置？我可以重点帮你作下介绍。”

点评：顾客的一句“随便看看”其实就是拒绝推销的意思，但是作为导购要知道，所有的销售都是从被拒绝开始的，对顾客的任何态度都要保有一颗平常心，只有这样才有机会探知顾客的需求或者关注点。

情景 5：顾客总是拿其他品牌其他门店的产品来作对比

错误应对

1. 没关系，给顾客全面分析比较各个品牌的优劣势。

点评：分析比较是有必要的，不过一定要注意突出重点，导购要做的是在比较中突出自身品牌的优势，淡化劣势。

2. 大肆攻击其他品牌和其他门店。

点评：对竞争对手的攻击只会招致顾客的反感，顾客原本对产品的兴趣也会因为对你失去信任而荡然无存。

情景解析

市面上的商品琳琅满目，顾客买东西自然会“货比三家”。既然“被对比”在所难免，所以回避不是最好的办法。其实，利用对比，你可以将自己的优势更好地体现出来，打动顾客。

永远不要攻击竞争对手，这种恶意的攻击不仅不能抬高你的身价，反而表明了你对竞争对手的嫉妒和害怕。其实，对于竞争对手的评价，最能折射出导购的素质和职业操守。面对顾客的比较，导购应该保持一颗平常心，用最中肯的语言来给出自己的观点，不隐藏其优势也不夸大其缺点。这样，顾客从你的评价中既可以了解相关的信息，也可以感受到你的素质和修养。

本杰明·富兰克林说："不要说别人不好，而要说别人的好话。大多数情况下，不失时机地夸赞竞争对手可以令人们取得意想不到的效果。"一名优秀的导购，应该能够通过自己的中肯评价，使顾客觉得竞争对手的产品是好，但我们的品牌更胜人一筹。

正确应对示范 1

顾客："××（品牌）的款式比你们多多了。"

导购："这个情况我们确实也有所了解，××的跨度比较大，既有……又有……。而我们这个品牌定位比较有目标性，主要针对的是……。其实，每个品牌都有其自身的特色，关键是看是不是适合您的装修风格。刚才听您说您家采用的是小清新的田园风格，对吗？我觉得我们今年最新推出的这款小碎花的布艺沙发应该很适合，您请过来试坐一下。"

点评：站在顾客面前的是你，而不是你的竞争对手，所以，你要做的就是引导顾客忘记掉你的竞争对手，只关注你和你的产品。

正确应对示范 2

顾客："人家××（品牌）的橱柜，质量跟你们的差不多，但是价格却比你们的便宜多了。"

导购："这位先生，正如您所说，我们的价格确实比××的要高一些，这主要是因为我们的产品……（特点、优势）。选择我们产品的顾客，大多就是冲着这些优点来的。像橱柜这样一旦装上去一般都不会再动的大件儿，价格当然是一方面，顾客更看重的还是品牌，毕竟质量和服务都会更好更有保障。而我们这个品牌创立至今，靠的就是质量和服务。”

点评：顾客有顾虑时，导购应该先对他的说法给予认同，这样能让顾客在获得被认同感的同时放松警惕，从而更容易接受你的意见和看法。

正确应对示范 3

顾客：“我亲戚家买的是 ×× 品牌的产品，听说还是个法国品牌，真的是很漂亮，你们的跟他们的不是一个档次。”

导购：“这位女士，×× 的确是一个很知名的法国寝室家具的品牌，它的一些设计、营销理念也一直是我们学习的对象。不过，单从商品的质量跟款式而言，国产品牌与洋品牌的区别其实不是很大。就像很多国际品牌的运动鞋，其实都是中国工厂代工的。同一家工厂甚至同一条生产线上生产出来的运动鞋，贴的牌子不同，价格也是天壤之别。我们的品牌……（特点、优势）。”

点评：既夸赞了竞争对手，也成功地把自己的产品销售出去。夸赞竞争对手是为了赢得顾客的好感，赢得好感是赢得生意的前提。

情景 6：顾客说话模棱两可，不太明白是什么意思

错误应对

1. 算了，不明白就不明白，不理会他这个话题了。

点评：如果这样，就是忽视顾客的一些谈话，有时候这些内容是很重要的，那顾客就会觉得你根本心不在焉，对他不尊重。

2. 直截了当地问清楚顾客说的到底是什么意思。

点评：问清楚是必要的，但如果不注意方式方法，很可能会引发顾客的不快，觉得你根本没认真听他说什么。

情景解析

每个人的经历、天赋不一样，从而决定了我们的看法、观点常常不一样。现实生活中，我们总是喜欢用自己的假设去代替顾客的假设，用我们自己的意图去解读顾客的意图，最后造成了很多沟通中的歧义。比如：顾客在表达时，把自己的某些需要省略了。我们自行地把自己的假设当成被顾客省略的部分，于是误解顾客的意思。

顾客：“我觉得这组沙发太那个了点……”

导购：“您放心，这款沙发可是我们这个季度卖得最好的一款沙发。”

顾客：“对不起，我这个人就怕跟别人买了一样款式的东西。你想想啊，我好朋友去我家玩，一来就说‘哎呀，你家的沙发跟我家的一模一样啊’，我该多尴尬。”

因此，在倾听顾客说话的时候，导购还有一项必要的工作去做，那就是消除顾客语言中的歧义，以更准确地了解顾客的需求，从而达到更有效的沟通效果。要消除歧义，避免误会了顾客的意思，关键在于发问。其实，在导购的字典中，有一句非常珍贵、价值无穷的话，就是“为什么”。作为导购，可不要轻易放弃这个利器，也不要过于自信，认为自己能猜出顾客为什么会这样或为什么会那样，最好还是让顾客自己说出来更为妥当。

通过询问，导购可以进一步了解顾客，获得更多的顾客信息，为进一步推销奠定基础。事实上，当你问顾客“为什么”的时候，顾客必然会作出以下反应：

（1）他必须回答自己提出反对意见的理由，说出自己内心的想法。

（2）他必须再次检视他提出的反对意见是否妥当。

此时，你能听到顾客真实的反对原因，并明确地把握住顾客所反对的项目，从而也就能有较多的时间去思考如何处理顾客的反对意见。因此，如果询问法运用得当，既可以为顾客提供信息，又可以保持良好的气氛；询问法使导购有了从容不迫地进行思考及制定下一步推销策略的时间；它还可以使导购从被动地听顾客申诉异议转为主动地提出问题与顾客共同探讨。

正确应对示范 1

顾客：“我觉得这个价格还是贵了点。”

导购："请问您怎么会这么认为呢？"

顾客："我看过 ×× 的一套产品，跟你们这个牌子的也差不多，可人家才卖 ×××× 呢。"

导购："王小姐，您的这个 LV 包最少也要上万元吧？"

顾客："18000 买的呢。"

导购："那就对了，王小姐，LV 的包之所以要比普通包贵，就是因为它有这个价值，不能拿它和普通的包相比较。同样，我们产品的质量相信您也是看在眼里的，而且我们的售后服务也是业界公认做得最好的。"

点评：顾客在表达自己意思的时候，可能会采用一些模糊的代词。导购并不能马上知道顾客所指的是什么，因为我们不清楚顾客采用的参照物是什么，与什么相比。因此，要了解顾客的真正情绪，就不能被这模糊的代词糊弄了。

正确应对示例 2

顾客："你们也太没有诚信了。"

导购："对不起，林先生，我能不能问一下，您具体指的是什么呢？"

顾客："你上次说要向公司申请一下看能不能给我多优惠，说 3 天内给我答复，可现在都过去一星期了，也没见你联系我。"

导购："林先生，我非常理解您现在的心情。这是您上次帮我写下的电话，您看看号码有没有错？我打过好几次，都说是空号呢。"

点评：当顾客的表达不是很清楚时，导购会感到很茫然，不知道顾客所指的是什么，所需要的又是什么。这时，就需要导购提出有针对性的问题消除语言中的障碍，才能更好地满足顾客的需求。

情景 7：顾客总是询问一些专业问题，烦死了

错误应对

1. 知道就好好回答，不知道就老老实实告诉顾客说不知道。

点评：诚实是导购应具备的美德和素质，不过很容易会让顾客觉得你不够专业，从而失去对你的信任。

2. 反正顾客也不懂，随便忽悠得了。

点评：一来，你不一定能忽悠得过去；二来，即使顾客被你骗了一时，日后一旦获知，可能就投诉你，并对你的人品产生怀疑。

情景解析

如果导购对自己的产品都没有很好的了解，又怎么能够为顾客做好介绍并说服顾客购买呢？我们不能要求顾客是产品专家，但你一定要成为你所销售的产品的专家。可以毫不夸张地说，没有比导购对自己产品不熟悉更容易使顾客逃之夭夭的了。

要向顾客介绍商品，并使顾客产生充分的信任感，导购就必须刻意地、主动地从更广泛的角度来充实你的商品知识。而且，对自己的商品

愈了解，导购就能在顾客面前表现得更为自信，愈能引起顾客的购买兴趣。

面对顾客提出的专业问题，成功的导购能对答如流，能在最短的时间内给顾客留下好的印象。那么，如何才能使自己成为这样专业的导购呢？

要了解什么

了解得越全面越深入，越能帮助你向顾客更好地介绍商品，说服顾客。具体地说，起码要对以下几个方面作出了解：

1. 了解自己的品牌

不要只是单单知道品牌名称就可以了，还要了解品牌由来、品牌故事、厂家的名称、厂家所在地以及该品牌的一些声誉（比如获得什么称号等）。

2. 了解产品的设计理念

每款产品均有自己独特的设计理念，而这些设计理念往往会成为独特的卖点。

3. 了解使用及保养方法

即使有说明书，顾客也希望导购能够直接、清楚地告诉他们在使用及日常的保养中要注意些什么，否则，导购的功能及给顾客的印象就会大打折扣。因此，导购必须清楚地知道各类材质的家具家居产品该如何洗涤、保养……

4. 了解产品的搭配原理

顾客需要的可能不止一张床铺，他很可能也需要一套衣柜来搭配。只有了解了产品搭配的一般原理，才能挖掘顾客深层次的需求，实现连带销售。

5. 了解顾客的购买心理

由于消费者个性化、差别化的消费需求，导购应该站在顾客的立场上去体会他们的需求和想法。只有充分了解不同消费者的购买心理，才能更好地向其提供专业建议。

如何了解

做自己所销售商品的专家，是成为一名优秀导购的必备条件。但是，真正清楚地了解商品知识，并不是一件容易的事情，不是凭经验或简单看看说明书就可以的。总体来说，你可以从以下方面获取商品信息：

1. 参加公司的培训

培训已经成为现代企业的重中之重，任何一家企业都会对它的员工进行相关的业务培训。应该说，这是最重要、最有效、最简单也是针对性最强的获取商品信息的方式，在培训中，你可以充分了解到相关的商品知识。

2. 通过厂商业务员了解

每个厂商的业务员都希望你能够多销售一些他们的商品出去，所以，他们肯定会非常乐意帮助你。而且，作为厂家的业务员，他们对自己的产品都了如指掌，甚至对其他竞争产品的了解也通常会比你知道的要多。除了商品的基本知识外，你还可以从他们那里得知该商品在其他店或地区的销售情况等。

当然，有一点必须注意的是，他们的意见不一定非常中肯，尤其是对竞争产品的意见，这需要你自己去分析。

3. 商品的使用手册

大部分商品都会配有使用说明书之类的材料（比如沙发、床垫、茶几等等的标签上通常会标示材料、保养方法等），这是你学习商品知识的一个非常便利的条件。此外，对于一些资料上未说明的情况，你也可以登录他们的网站进行学习。

4. 从各种媒体获得

各种媒体，如书籍、报刊、杂志、网络等，也是你获取知识的好途径。作为导购，你应该经常关注媒体上的这些相关信息，比如消费调查、产品研究、新产品资讯等，这既可以帮助你增加商品知识，还可以帮助你有效地说服顾客。

总体来说，报纸、杂志、网络中的多是新颖的、流行的信息，比如一些最新的行业动态等，而书籍知识则较为系统和专业，你可以根据需要来选择。

5. 向同事请教

不要总是认为自己比别人聪明，虚心地请教同事可以帮助你快速成长。一些资历比你长、经验比你丰富的同事，他们对商品、对销售理念有着更为深刻的认识。

需要注意的是，在向同事请教时，一定要把握好时机，千万不要妨碍他们的工作。有些时候，你还可以通过观察同事的工作进行学习，比如听听他们是如何向顾客介绍商品的。

6. 向顾客学习

有些导购会认为，我对销售的商品，肯定比顾客了解得更多。可是，不要忘了，"三人行，必有我师"，你不可能每一方面都比顾客知道得更多，在某一方面，顾客绝对可以成为你的老师。而且，很多时候，为了买到最适合自己的商品，有些顾客往往会"货比三家"，在这个比较过程中，他们对产品尤其是竞争产品都有了一定的认识，而这些知识可能正是你还不具备的，尤其是竞争产品的相关情况。

认真收集他们对产品尤其是竞争产品的意见，可以使你对你的商品和竞争商品的优缺点有更为深入的了解和认识，这样，在日后对其他顾客的销售中，你就可以利用这些事实说服他们购买你的商品。

正确应对示范

顾客："实木门的种类这么多，听得都晕晕乎乎的。"

导购："呵呵，没关系，有什么不明白的，您尽管问我。现在市场上实木门的种类确实很多，顾客要想全部都懂确实比较难。"

顾客：“那您说说，哪种实木门比较好？”

导购：“应该说，每种实木门都有它的优点和缺点，没有绝对的好与不好。其实，我们选购实木门，一是看材料。材料是首选，原材料、辅料的选择直接决定了木门的品质。目前高档木门品牌的工艺大多是实木复合材料。它们既保持了天然实木的诸多优点，又避免了实木容易变形开裂的缺陷。还有，木门是否环保，用胶也很关键，所以在选购木门时要问清楚胶的品牌和指标。二是看制作工艺。目前市场上真正高档木门的加工周期在20至30天。相对板式家具而言，门的工艺比较复杂，需要经过木材烘干、粗加工、抛光、封边等30多道工序，才可以保证门扇的平整和如镜面般丝滑的油漆质感。对于一个家庭来说，门开启的次数频率通常都是很高的，所以选择上不光要考虑造型、环保，重点还要看品质和耐用性。三是看品牌和售后。现在，门的种类繁多，生产厂家也在不断增加，选购时要注重厂家信誉和售后服务态度。”

顾客：“嗯，你说得还是很实在的。我觉得刚刚你介绍的这款门还不错，你刚才说是什么利来着的？”

导购：“这是沙比利，是当今时尚的木门选材之一。它的学名叫筒状非洲楝，俗称幻影木，沙比利。这种木材产于非洲热带地区。您看，它的木纹交错，有时有波状纹理，在四开锯法加工的木材纹理处形成独特的鱼卵形黑色斑纹；边材呢，有点淡黄色，而心材则是淡红色或暗红褐色。沙比利的强度高、干缩大，韧性较低，胶粘、油漆、着色性能好。总体来说，沙比利对环境的适应性较好，没有特别的气候限制，适合各个地方；它的纹理有闪光感和立体感，所以给人感觉起来较为华贵高雅。很多沙比利木门都采用红褐色的色泽，这样更能渲染喜庆、热烈的气氛。”

顾客：“看来你还是挺专业的。这款门一扇多少钱？”

点评：导购的专业素质往往会影响到顾客对你的信任。就如同看医生一样，越是医术高明的，患者的疑虑就越少，也就越配合。

情景 8：顾客有点心不在焉，不知如何才能吸引他的注意力

错误应对

1. 估计这顾客对产品不感兴趣，那就算了。

点评：顾客心不在焉，不一定是对产品没有兴趣，可能只是你没激发出他的兴趣而已。不要动不动就把责任归结于顾客身上。

2. 先生，您到底有没有在听我说呢？

点评：毫无疑问，这么问顾客，肯定会让顾客不爽的。

3. 那就不介绍了，跟他多说说笑话。

点评：说笑话也要看对象看场合看时机。如果把握不好，顾客会认为你根本没有在好好为他提供服务。他可不是来听笑话的，而是来买产品的。

情景解析

在项目推介时，如果顾客心不在焉，在排除了顾客自身的因素（比如时间紧，被别的事情分神了等）之后，很有可能是导购的推介太无趣，以至于无法吸引顾客的注意力。对于这种情况，导购就要及时调整自己

的推介方式，以吸引顾客的注意力。

促使顾客联想

⊙小故事：

小林在电影院门口等女朋友。一个卖花的小姑娘跟了上来：“先生，买支花吧！你看这玫瑰花多漂亮。”小林摆摆手，小姑娘闷闷地走开了。

没过一会儿，又一个卖花的小姑娘来了：“先生，先生，买支玫瑰花吧。”

“不要不要！”小林有点不耐烦了。

“先生，你知道吗？女孩子都是喜欢玫瑰花的！送一朵玫瑰花给您的女朋友吧！如果你的女朋友接到这朵玫瑰花，她会非常高兴的，她会感觉自己非常幸福……”

“那多少钱一支呢？”小林语气变得缓和多了。

“不贵不贵，只要10元一支。”这个价钱比平时贵了不少。

“那给我来一支吧。”小林很爽快地掏出钱来。

为什么第一个卖花的小姑娘抢得了先机反而失败，而第二个卖花的小姑娘不但做成了生意，还卖了个好价格呢？因为第二个小姑娘巧妙地利用了人们的想象力来激发购买欲望！她不是一味地强调说玫瑰花有多漂亮，而是描述了如果买了这朵玫瑰花送给他的女朋友会有什么样的效果，从而唤起顾客的想象力，促使顾客作出购买决定。

可见，让顾客产生联想是多么的重要。一位销售专家就把想象力称为“延伸的利益”，也就是说你所能想象得到的顾客利益。利用人们的想象力来销售，可以使人们无法抗拒那种想象的诱惑，所以就会痛痛快快地把钱掏出来。

促使顾客想象，就是要让他觉得眼前的这个产品可以给他带来许多远远超出产品本身价值之外的好处，一旦拥有甚至会给他带来一种新的生活。当然你启发顾客想象应该是基于现实的可能，而不应是胡思乱想。导购可以编一部顾客是主角的情景剧，用绘声绘色的语言，就像电影里的旁白那样，把这些景象一一描述给你的顾客。

运用“情景销售”手法时，导购可以运用这些句子作为开头语：

- 你有没有感觉到……
- 你可以想象一下……
- 假如……

“情景销售”需要导购具备极为优秀的语言表达能力与联想能力。再伟大的导演也需要好的剧本，导购完全可以事先拟定这方面的“演说稿”，为随时的现场演说做好准备。

让顾客亲身感受

都说“天下没有免费的午餐”，但在现实生活中，美容院或健身房却经常会发放一些美容卡或健身卡，邀请顾客前去免费体验，这是为什么呢？其实这就是营销学中所谓的“体验式营销”，先让顾客亲自体验到美容或健身的好处，进而刺激顾客参与的欲望。

同样，家居建材的导购也可以让顾客参与到产品的“体验”中来，让顾客亲自感受产品的品质与效果。

正确应对示范 1

导购：“王先生，单凭我一张嘴说，您可能会觉得没有多少说服力，觉得我是在王婆卖瓜自卖自夸了吧？我们这边刚好有一段视频，是我一个顾客在自己的新家里拍了发过来的，就是上周的事儿，您可以感受一下产品的实际效果。他跟您一样也是位事业有成的青年才俊，俗话说，物以类聚，人以群分，我想你们的有些想法可能会比较接近一些。您这边请。”

点评：样板房的效果好坏都能对顾客的购买决定起到不小的作用，更何况是老顾客家里的实际安装效果。通过感受其他顾客的购买体验，顾客的兴趣就会在不知不觉中调动起来。

正确应对示范 2

导购：“王小姐，一看您就是位追求生活品质的人。刚才您说了，您的小窝不大，刚好客厅里可用这组壁纸，可以有视觉上的扩大感，理论数据是可以扩大 15%，实际上扩大个 8% ~ 10% 肯定没问题。您想啊，如果您的朋友来家里做客，一定会惊讶于您的这种魔术般的效果的。”

点评：想象可以突破时间和空间的束缚，给顾客插上想象的翅膀，你的推介就更有了可以期待、值得期待的内容。

情景 9：顾客在看产品时，闲逛顾客“插嘴”影响了她

错误应对

1. 挺好的呀，怎么不好了？

点评：这样的应对并不能消除顾客的疑虑。正常来说，出于对导购的戒心，顾客更愿意相信其他人的看法，而不是导购的看法。更何况，如果遇到的是一位极有演讲欲的闲逛顾客，导购的这一句极有可能引来他的长篇大论，更不利于眼前销售的顺利完成。

2. 拜托你不要乱说好不好。

3. 你不买东西就不要在这儿瞎说。

点评：这两种回答，都有点恼羞成怒的意味。顾客看到这样，可能觉得导购在故意隐瞒什么，从而会更相信其他顾客的话。而且，这样的话语很容易引发“插嘴”顾客的不满，甚至发生争吵。

情景解析

一个闲逛顾客的意见有这么大的影响吗？是的，有时候闲逛的顾客随便一句话就抵过导购的几十句、几百句话，所以千万不要忽视闲逛客

人的存在。闲逛顾客的一句话可能成为顾客购买的阻力，也可能成为顾客购买的推动力。

终端销售就是打开门做生意的，凡是进门的都是客。从长远来看，闲逛顾客也可能是店里的潜在顾客，眼前的顾客得罪不起，潜在的顾客同样得罪不得。

我们无法阻止客人的闲话，遇到提负面意见的顾客，就非常考验导购的灵活应变能力了。具体来说，当别的顾客不适宜地“插嘴”，影响顾客的购买决定时，导购应该做到以下三点：

首先，镇定自若，保有一颗平常心，不能有任何损害我们自身形象的语言和行为。“相由心生”，心里面的一点点小嘀咕也是要不得的，否则会让给顾客认定你的产品有问题。

其次，适时地引开闲逛顾客，避免其对正在进行的销售活动过多的干扰，并迅速转移闲逛顾客的焦点。引开闲逛顾客时，千万不能粗暴无礼，也不能对其埋怨或者指责。那样，不但会赶走“多管闲事”的顾客，还会对正在服务的顾客产生不好的感觉。

最后，依旧把重点放在顾客身上，委婉地提醒他别人的意见并不重要，家是自己休息的港湾，自己感觉对了就是王道。

正确应对示范 1

顾客 B：“哎哟哟，谁会在自己家里放这么夺目的红色沙发呀？”

导购：（微笑着对闲逛的顾客 B）“呵呵，每个人对颜色的理解都不太一样。看来您应该比较喜欢一些素净一点的颜色吧？小刘，来，带这位大姐去看一下我们今年的 ×× 系列。大姐，您请。”

导购：（转向正在试穿的顾客 A）“对颜色的喜好就像人的性格，都是千人千面的事情。现在人们都是轻装修重装饰，就是这个道理：即便相同的房子，不同的人也可以有不同的风格。家毕竟是一个比较私密的空间，是自己和家人的温馨港湾，采用什么样的风格色系，关键还是要看自己的喜好。”

点评：眼看着顾客就要掏钱了，却杀出来个程咬金，是谁都会生气，但导购不在此列。导购是引导者，而不是战士，无论遇到什么样的情况都应该保持冷静。只有这样，才能及时化解负面评价带来的不利影响，也才能给顾客吃下定心丸，保证销售过程的顺利进行。

情景 10：顾客转了一圈，什么话都没说就打算离开

错误应对

1. 请慢走，欢迎下次光临。

点评：礼貌是很有礼貌，不过如此轻易地放弃一个顾客，确实不应该，那会失去很多提升业绩的机会。

2. 先生，这么快就看完了？我给您介绍介绍吧。

点评：没有任何吸引力，无法让顾客留下来。

3. 来玩的吧。（小声嘀咕）

点评：没有礼貌，如果让顾客听到，会导致顾客的不满。

情景解析

顾客停留的时间越长，就会对卖场、对产品有更多的了解，就更容易产生购买的欲望，导购也就有更多的可能说服顾客。因此，在不强留、不使顾客产生厌烦情绪的情况下，导购应让顾客尽可能地多驻留。

应该说，顾客既然已经来了，即使不马上购买产品，起码也是有这方面的想法的。顾客一言不发转身想要离开，说明产品还没引发他足够

的兴趣。这时候，要想留住顾客，最为重要的是要引起顾客对产品的关注。比如，采取主动请教的态度，探询顾客的意见，通常情况下，当导购询问时，出于礼貌，顾客也会有所回应，这样就可以打开话匣子了，导购也就有机会向顾客作详细介绍了；或者也可以制造一些悬念，吸引顾客的兴趣。

正确应对示范

导购：“大姐，既然来了就别那么着急走嘛，买不买没关系，多了解了解，对您家的装修装潢一定不会有坏处。外边正下大雨呢，您刚好可以先这边坐一下，喝杯茶休息一会儿。”

点评：主动挽留顾客，会让顾客觉得有被重视的感觉，只要能多停留一分钟，导购就多一份希望唤起顾客的购买欲望。

情景 11：已经详细向顾客说了每个卖点，顾客却还是不知道这产品有什么好

错误应对

1. 不会吧，我说了那么多，你竟然一句也没听进去。

点评：一下子就把责任归结于顾客，顾客不生气才怪呢。首先要从自己身上找原因，而不是从顾客身上找原因。

2. 再向顾客做一次讲解。

点评：顾客是因为刚刚没注意听才不知道这产品有什么好吗？如果不是，那么即使你向顾客讲解十遍，顾客还是不明白。

情景解析

很多导购在向顾客推介产品时，总是流水账式地罗列出材料、做工、款式等有什么什么好。这样的介绍只会让顾客觉得更加茫然，不知道该如何选择。

为了使自己的介绍按一定的逻辑顺序进行，导购完全可以采用利益推销法，即业内通常所说的“FAB 介绍法”，也叫“三段论法”。这是目

前一种比较流行，并且非常简单实用的产品介绍方法。

什么是 FAB

FAB 其实是三个英文单词开头字母的组合，F 是指特性（Feature），即产品的固有属性；A 是指优点（Advantage），即由产品特性所带来的产品优势；B 是指好处（Benefit），即顾客使用产品时所得到的好处，这些好处源自产品的特性和优点。

FAB 介绍法可以将所销售产品的属性转化为即将带给顾客的某种利益，充分展示产品最能满足和吸引顾客的那一方面。熟悉产品介绍的三段论法，会使你的介绍说明变得更有说服力。

产品介绍三段论法

第一段：陈述产品的特性

第二段：解释说明优点

第三段：强调顾客利益

第一段：陈述特性

产品的特性其实就是产品的事实状况，比如所销售家具的款式设计、功能特征，也可以是材料、颜色、规格等用眼睛可以观察到的事实状况。

产品本身所拥有的事实状况或特征，不管你如何说明，都很难激起顾客的购买欲望。比如，当你向顾客介绍家具的环保方面时，只是简单地对顾客说："我们的家具采用的是目前市场上最好的 E1 级板材，制作过程中使用的胶水都是达到日本环保 F4 星级标准的胶粘剂。"像这样只停留在传统意义上的介绍是很难让顾客产生购买欲的，因此，你应将介绍延伸至下一阶段。

第二段：解释说明优点

产品的优点是指产品的特性所表现出来的直接功能效果，也就是从产品特性衍生出来的优点所在。

家具采用目前市场上最好的 E1 级板材，制作过程中使用的胶水都是达到日本环保 F4 星级标准的胶粘剂，这是它的特性（材料），那这种特性到底有什么好处呢？这就需要你详细地说明。比如，我们的家具采用的是目前市场上最好的 E1 级板材，制作过程中使用的胶水都是达到日本环保 F4 星级标准的胶粘剂，这确保了我们家具的环保性。

第三段：强调顾客利益

最后步骤，说明利益这部分，也就是向顾客强调究竟这些事实和优点会带给顾客哪些利益，哪些好处。

利益是针对顾客而言的，也就是产品的特性所能满足顾客的某种特殊需求，或者说产品的特性、优点所能使顾客享受到、感受到的某种好处。比如，我们的家具采用的是目前市场上最好的 E1 级板材，制作过程中使用的胶水都是达到日本环保 F4 星级标准的胶粘剂，这是产品的特性，其优点是家具环保，而其给予顾客的利益就是使用起来更为放心。

FAB 句式的运用

从上面的分析中可以看出，FAB 介绍法（利益推销法）其实是一种针对不同顾客的购买动机，把最符合顾客要求的产品利益向客户加以推介，讲明产品的特性、优点以及可以为客户带来的利益的一种销售方法。

事实上，特性、优点和利益是一种贯穿于产品的因果关系，在产品介绍中，它形成了诸如“因为……，所以……，对您而言……”的标准句式。

特性：因为……

优点：所以……

利益：对您而言……

（1）“因为……”

“因为……”这一句说的是产品的属性（Feature），它回答了产品“是什么？具有什么特点”的问题。比如，“（因为）我们的家具采用的是目前市场上最好的E1级板材，制作过程中使用的胶水都是达到日本环保F4星级标准的胶粘剂……”

（2）“所以……”

“所以……”这一句介绍了产品的作用（Advantage），它解释了产品这个属性能做到什么。比如，“（因为）我们的家具采用的是目前市场上最好的E1级板材，制作过程中使用的胶水都是达到日本环保F4星级标准的胶粘剂……，（所以）这确保了我们家具的环保性……”

（3）“对您而言……”

“对您而言……”这一句是告诉客户将如何满足他们的需求，也就是购买该产品所能得到的利益，比如，“（因为）我们的家具采用的是目前市场上最好的E1级板材，制作过程中使用的胶水都是达到日本环保F4星级标准的胶粘剂……，（所以）这确保了我们家具的环保性……（对您而言）使用起来更加放心。”

如果你能够很好地运用FAB介绍法，那么你将会发现产品介绍是那么的容易。比如，导购在介绍某款床铺的时候可以这么说：

“（因为）这款床造型丰满，鼓包式靠背设计，而且靠背的弧度贴合您的腰背曲线（特点），（所以）弹性和柔软度都特别好（优点），（对您来说）当你靠上去时会觉得非常舒服，可以舒缓疲劳，保护脊椎（利益）。”

这样的介绍方式可以使顾客充分感受到产品的功能可能带给他的好处，从而认为自己确实需要这种产品。

做好事前准备工作

为了更好地运用 FAB 介绍技巧，导购首先要熟悉自己所要销售的各款床铺，并将它们的属性、作用、利益等各方面全部罗列出来，形成一份表格，然后运用 FAB 陈述方法多加练习，以增加对产品和 FAB 技术的理解。

	属性（Feature）	作用 (Advantage)	利益 (Benefit)
材料			
款式			
功能			
方便程度			
耐久性			
经济性			
外观优点			
价格			
售后服务			
……			

正确应对示范

顾客：“你们这衣柜到底环保不环保？”

导购：“小姐，我们所有的衣柜都安装有防潮防湿、除臭除 VOC 异味的活性炭炭盒的环保装置。它无毒无害，无二次污染，还可以重复使用，一个月时间拿到太阳底下晒一次即可。所以我们的衣柜是非常环保的，您尽管放心使用……”

点评：“我们所有的衣柜都安装有防潮防湿、除臭除VOC异味的活性炭炭盒的环保装置。它无毒无害，无二次污染，还可以重复使用，一个月时间拿到太阳底下晒一次即可”，这阐述的是产品的特性；“我们的衣柜是非常环保的”，这阐述的是产品的优点；“您尽管放心使用”，这阐述的是产品所能带给顾客的利益。

第三章　疑虑要这么消除

情景 1：你们怎么会找 ××× 代言呢

错误应对

1. 我也不懂，这是公司的决定。

点评：这种说法等于告诉顾客“不要问我，我也不知道”，顾客会认为没有得到足够的尊重，很可能转身就走。

2. 因为她很适合我们的品牌啊。

点评：这样的回答会让顾客很不满意。本来呢，顾客只是对代言人不满意，对你们的产品还是有兴趣的，你这么一说，顾客会觉得你在和他唱对台戏，那他可能就会对你的品牌都感到失望。

3. 我觉得找她挺好啊，很多人喜欢她。

点评：和顾客争论哪个明星好，对你的销售业绩有什么好处吗？不但没好处，还有坏处，因为顾客会觉得和你不对路，对你就不会有好感。

情景解析

在这个娱乐明星风行的时代，企业找明星作为品牌形象代言人已经成为轰炸消费者的重要手段。找一个同品牌有关联性的明星代言，可以使品牌形象生动化，易于消费者接受和理解。一千个读者心中有一千个哈姆雷特，同样的，一千个人心中也有一千个偶像。其实我们看到广告时，偶尔也会嘀咕：这个品牌怎么找她代言啊！

顾客对品牌代言人不满，虽然不是主观能够解决的问题，但是如果忽视细节，也可能因此中断销售进程。其实，顾客提出的这种反对意见并不是真的想要获得解决，这些意见和眼前的交易扯不上直接关系，那么，导购完全可以采取“冷处理法”或者说“忽略法”进行处理，就是当顾客提出这类异议时，你只要让顾客满足了表达的欲望，然后迅速岔开话题就可以了。也就是说，不要去和顾客讨论或者争辩代言人的问题，而应尽量把顾客的焦点转移到产品本身上。倘若你认认真真地去处理这样的异议，有时反倒适得其反。

正确应对示范 1

顾客：“你们怎么会请 ××× 做代言人呢？要是请 ×××，大家肯定会更喜欢你们的品牌。”

导购（面带微笑）：“小姐，您说得是。您看这款升降衣架……”

点评：顾客的这番评论，可能只是下意识地随口一说，所以导购只要轻轻带过，把话题转回产品本身即可。

正确应对示范 2

顾客：“昨晚电视又放你们的广告了，××× 真的是土得掉渣了，你们什么审美啊。要是换 ××× 来拍，肯定效果更好，我肯定第一个来买。”

导购（面带微笑）：“先生，您说得没错。”

点评：对于一些“为反对而反对”或“只是想表现自己的看法高人一等”的顾客所提的意见，若是不分主次地认真地处理，不但费时，而且还会有旁生枝节的可能，因此，导购要在满足了顾客的表达欲望之后，迅速地引开话题，将焦点转移到产品上来。

情景 2：你们真的是国际品牌吗

错误应对

1. 我们确实是国际品牌，这一点您可以放心。

点评：这样的说法很诚恳，但是没有提出有力的证据说明事实，缺乏说服力。

2. 我们大部分材料都是进口的。

点评：这种说法无疑是在告诉顾客，他的怀疑是正确的，你们只是挂着羊头卖狗肉，只是材料是进口的，根本不是真的国际品牌。

3. 我们是合资品牌，您就放心吧。

点评：这样的说法显得语言模糊，既不肯定也没否定，很难让“执着”的顾客信服。

情景解析

几年前，欧典地板的一句“欧典，真的很德国”，将德国高贵血统装修置入无数人的梦中。欧典地板的国际品牌形象深入人心，中国消费者对其情有独钟，纷纷花费高昂的价格购置“德国欧典地板”。然而，2006

年 3 · 15 晚会曝光其品牌真相，欧典宣称的国际品牌实属虚假宣传，欺诈消费者。这样一个连续六年使用消协“3 · 15”标志的地板，都在做虚假宣传，因此，消费者会怀疑“国际品牌”的真假也在情理之中。面对顾客的这种疑虑，如何促成销售，就看导购的处理艺术了。

当顾客提出异议时，相当于站在了同你对立的立场上，有着一定的对抗性。一名销售高手提出“善于示弱”的销售方法：在顾客提出异议的时候，向顾客“示弱”，满足对方的挑剔心理，一笔生意很快就成功。向你的“上帝”示弱并不是示真弱，而是顺着顾客的思路，用一种曲折迂回的办法来俘虏对方的心罢了。

顾客对国际品牌的真实性有所怀疑，你可以对顾客的异议表示理解，或者委婉地赞美顾客的“挑剔”，然后顺势宣传自己的品牌优势和产品特点，再结合顾客的需求，有针对性地进行推介。

正确应对示范 1

导购：“现在很多商家打着国际品牌的幌子欺骗消费者，也难怪您会这么问。不过，我们确实是国际品牌，公司都是按照国际标准来要求产品质量和服务质量的，因此很多顾客对我们的服务非常满意，很多老顾客都带朋友来光顾呢。这一点您只要感受一下就知道了。您看，这一款 ××× 就是设计师今年的大手笔，它……（产品的特点、优点）。”

点评：先对顾客的感受表示理解，这样才能让顾客消除心理障碍，之后导购对自家产品的介绍才有了被接受的空间。

正确应对示范 2

导购：“先生对我们这个行业还真是了解。不瞒您说，我们是 ×× 合资品牌，并非单纯国际品牌。不过，通过合资，我们引进了国外的先进工艺，在品牌的管理和运作上也都遵照国际标准，大大提升了产品和服务的质量。就像您看的这款 ×××，它……（产品的特点、优点）。”

点评：导购顺着顾客思路的“示弱”，满足了顾客挑剔的心理，顾客在不知不觉中放松了警惕，也就更容易接受导购的观点，销售也才能够得以顺利进行。

情景 3：你们这个是新品牌吧，以前都没有听说过

错误应对

1. 不会吧，我们这个牌子很出名啊 / 是吗？可是我们这个品牌已经有好几年了。

点评：这两种回答向顾客透露出“你怎么连这个都不知道”的信息，会让顾客感到不舒服。

2. 我们经常打广告啊，你都没见过吗？

点评：这样的口吻有质问顾客的意味，可能伤害到顾客的面子，导致购买进程的中断。

3. 是的，这个品牌是我们去年刚创立的。

点评：如此直接地告诉顾客我们是新品牌，容易引起顾客对产品质量的怀疑，缺乏信任感。

情景解析

随着市场竞争的加剧，为了赢得市场、赢得顾客，企业越来越重视品牌的作用，每天都有新的品牌面世。没有人能把所有的品牌都记在脑

海里，也没有任何品牌能够真正做到“人尽皆知”。因此，顾客提出“没听说过你们这个牌子”的质疑也是正常的。

品牌观念不但被企业接受，同样也被消费者接受。在消费者的心里，品牌的好坏往往和质量、档次是挂钩的。但是，即使再出名的品牌，也还是有人不清楚不了解的。

很显然，当顾客提出“没听说过这个牌子”的异议时，肯定会对成交构成一个障碍。因此，导购要妥善处理顾客的这类异议：

第一种情况：对于有一定知名度的品牌，只是由于顾客没有听说过（不管顾客是否真的没听说过），那么导购不妨介绍一下品牌的历史、成就，或者品牌的广告代言人（一般代言人都是比较出名的），以增强顾客的购买信心。如果能列举一些知名人士、成功人士是这个品牌的忠实顾客，那就更好了。

第二种情况：目前品牌确实没有太大的知名度，甚至是个新创立的品牌，那么导购也没有必要刻意隐瞒，而要勇于承认。同时，要抓住机会向顾客介绍自己的品牌特色，让顾客明白买我们的产品能够得到什么样的好处。

正确应对示范 1

导购：“不好意思，我们是创立多年的品牌了。不过您没听说过也不奇怪，因为我们是法国品牌，今年才进入中国地区，以后还请您多多关照啦。国外很多名人都是我们的忠实顾客，比如×××，用的就是我们的×××。您看的这款×××，采用的是×××，……（产品特点、优点）。”

点评：人都是“顺毛驴”，你不给顾客面子，顾客就不给你票子。先对顾客的观点予以肯定，表面上看来是在示弱，实际上是在无声无息中笼络了顾客的心。

正确应对示范 2

导购：“看来我们公司要加强广告宣传了，其实我们品牌是 ×× 年创立的，算起来也有 × 个年头了，我们主打 ××× 产品，您没听说过没关系，借着这个机会我向您介绍一下，我们的品牌主推……您家中装修偏重于什么风格呢？哦，好的。这边的几款我觉得您应该喜欢，您请。”

点评：任何品牌都不可能尽人皆知，导购要抓住顾客进店的机会，做好自家产品的宣传，用质量、用服务来俘获顾客的心。

情景 4：你们和 ×× 的产品很类似，到底谁仿谁啊

错误应对

1. 已经有很多顾客这样说过，这个我也不知道啊 / 我不太了解那个牌子，所以不是很清楚。

点评：这样的回答只能说明导购缺乏专业性，不仅对自身品牌的认识不足，对竞争对手也不了解，很难取得顾客的信任。

2. 这很难说的，不过我们品牌是不会抄袭其他牌子的。

点评：这样的回答差不多告诉顾客：是那个牌子仿照我们。这种贬低竞争对手的做法，是很难获得好声誉的。

情景解析

近几年来，专家学者们都在讨论“中国制造”模式。一个比较一致的观点是，“中国制造”与“中国创造”还相差太远，目前的中国还只停留在“中国制造”阶段。在“中国制造”模式下，创造能力严重不足，从而导致产品同质化非常严重。那么，对于此类异议，你该如何处理呢？

作为一名导购，用诋毁竞争对手的方式来抬高自己，实在是大忌。

一般情况下，对于这类问题，顾客通常也只是随口问问，导购只要象征性地回答顾客“品牌各有千秋”就可以了。而且，既然顾客已经进店，导购要做的是询问顾客的具体需求，将自家产品的特点、优点推介给顾客。较真、争辩，不光对眼前的销售无助，还会在顾客的心里留下不好的印象，影响品牌或者店面的形象。

正确应对示范

导购：“您真是好眼光，我们这两个品牌都是叫得响的好品牌，都各有各的风格和特色，关键是看是不是适合您的装修风格，是不是您喜欢的款式。我们品牌……（产品特点、优点），刚才听您说您家的整体风格偏重于 ×××，我认为 ××× 应该会很适合。买东西一定要自己体验一下才知道，这边是我们的展示区，我带您体验一下。”

点评：一位哲人说：“您无法凭争辩去说服一个人喜欢啤酒。”与顾客争辩，导购永远不可能是赢家。顾客的这类问题通常只是随口一说，导购没有必要钉是钉铆是铆地辩白，而只需轻轻带过，将自己的品牌以最好的姿态呈现给顾客才是硬道理。

情景 5：款式还可以，不过材料好像不是很好

错误应对

1. 不会啊，没有人这样说过。

2. 您这种说法我还是第一次听说。

点评：这种直接反驳顾客的回答，容易让顾客觉得自己没有眼光，会让顾客感觉很不舒服，同时也会让顾客错误地觉得你是在指责她胡说八道。

情景解析

从自己腰包里往外掏钱，谁都不会那么爽快，我们的顾客在消费时，为了让自己的钱花得值，必然会挑东捡西地质询一番。当顾客开始质疑你的店铺，你的产品，你的服务……，并不代表着他不喜欢这件产品，而恰恰表明了顾客对产品有需求，对这件产品顾客在很大程度上还是有认同感的，只是他还没有完全被说服，而这时，离交易的成功就差导购的临门一脚了。

很多导购会觉得，单纯凭嘴巴介绍，效果很有限。事实上也确实如

此。但这并不是因为导购的表达能力不够好，而是顾客通过“听”所能接收到的信息实在有限罢了。心理研究表明，人们所接受的外部信息中，有 87% 是通过眼睛接受的，只有 13% 的信息是通过其他四种感官接受的。这就是说，销售人员应该使产品介绍最大限度地可视化，才能真正打动顾客的心，直接刺激顾客的购买欲望。

正确应对示范

导购：“这位女士，一看您就是位细心的好妈妈。给孩子买东西，一定要注意所用的材料，材料要是不好，含这个那个的超标，影响到的还是咱们孩子的身体。我们这款青少年组合寝室家具，采用的是 ××× 材料，这是材料的小样和权威机构的认证书，这种材料密度大，吸湿性差，即便是梅雨季节也不用担心变形发霉；（屈膝引导顾客观看细节部分）您看，连接处采用的是传统的铆接法，将胶水的使用降到最少，从而充分保证了产品的环保品质。”

点评：顾客的看法即便主观臆断，导购也要从适合的方面给予肯定，只有这样才能留住顾客。之后要让顾客确实看到和体会到自己产品的优点，这样才能激发顾客的购买热情。

情景6：顾客总是抱有怀疑态度，不愿相信导购的话

错误应对

1. 爱信不信，反正我说的都是真的。

点评：如果顾客不相信，即使你说的再真也没用。

2. 直接向顾客保证说，“我以人格担保，我说的绝对是真的。”

点评：就凭一句担保，就能让顾客相信吗？

3. 质问顾客，“您怎么那么不相信人呢？”

点评：顾客凭什么要相信你？而且，这种质问的口气，很容易招致顾客的反感。

情景解析

在导购的时候，即使你说得天花乱坠，即使你拍着胸脯担保，顾客心里总是还会有所疑虑。这也难怪，卖东西的谁会说自己的东西不好呢？顾客一定会担心导购是在卖瓜夸瓜甜。

法官断案需要讲究证据，而不能光凭几句口头之言。相比你的一面之词，证据绝对更有说服力。要让顾客真正信任你，导购最好能够提供

一些有力的证据，用事实和证据来证明你所说的的确是“百分之百真实”的。

引用例证

实证比巧言更具有说服力，用事实证实一个道理比用道理去论述一件事情往往更能吸引人。当顾客对你的观点或说法有所怀疑时，与其拍着胸脯、拿着人格去做担保，还不如举一个相关的例子去证明，这样更容易说服顾客。比如：

“上个月××集团的老总××先生家就刚在我们这里订了一套……”

“年前有个顾客买了一套，这不，前两天他又带着他堂弟来订了套象牙白的。”

榜样的力量是无穷的。当人们觉得某个人有威望时，就会相信他所做的决定、所买的产品。因此，如果你所引用的例证是那些影响力较大的人物或事件，顾客对你的信任度就会更高。各大品牌花重金为自己的产品代言，就是看中了“名人效应”能给企业营销带来的种种好处。

此外，引用例证，不但可以为顾客提供参考，加强顾客对产品的信任，而且还能帮助导购避免难堪的局面。因为，当你举出第三者的例子作为证明时，如果顾客不同意你的观点，也就等于是不同意“第三者”的做法。

必须注意，导购所引用的名人例证必须是真人真事，而不能信口开河，胡乱编造例子。否则，一旦被顾客发现，那么不但不能增强顾客的信任，反而会给顾客造成更坏的印象，让顾客觉得你是在欺骗他，从此再也不信任你了。

出示证明材料

光说好顾客肯定不会买单，“是骡子是马牵出来遛遛”，只有当一切都证明你说的是真实的、可信的，顾客才会把钱掏出来。

所有可以用来证明你所宣扬的产品特性、作用、利益等方面真实性的东西，都可以成为你的证明材料。比如，专业部门、认证部门颁发的认证书、质检书，书、报、杂志等出版物上与产品或企业有关的正面的报道等。对于顾客来说，当他看到产品获得大众的认同后，自然也会多一份信心。

这些证明材料可谓是导购的“销售小帮手”。为了使其真正发挥“帮手”作用，所有材料必须具有足够的客观性、权威性、可靠性、可证实性、可第三方获得性等一流证据的必要条件。否则，不但不能真正发挥销售“帮手”的作用，反而还会帮了“倒忙”。

为了更好地利用这些“销售小帮手”，导购在平时就要多多收集一些对销售有利的证明材料，并根据自己的情况来设计和制作销售工具。一个准备好了销售工具的导购，一定能对顾客提出的各种问题给予满意的回答，顾客也会因此而信任并放心购买。

正确应对示范 1

顾客：“你们的质量可靠吗？”

导购：“小姐，请您放心，我们的产品经过了国际 ×× 协会的严格认证。您看，这就是我们的质量认证书。”

点评：通过出示证明材料——质量认证书，可以消除顾客“质量是否可靠”的顾虑。

正确应对示范 2

顾客：“你们卖东西的，哪个不是王婆卖瓜自卖自夸？”

导购：“呵呵，小姐，我完全能够理解您的心情，不过这一点您完全可以放心，我们这“瓜”可是保证不“甜”包换包退钱的。您看，我们在那边专门设置了一面展示墙，上边贴的都是从买过我们产品的顾客家里拍来的实际效果图，您可以了解一下。来，您这边请。”

点评：通过展示众多“第三者”的购买案例，来证明导购所言非虚。

正确应对示范 3

导购：“您担心的这些在家居建材行业确实存在，所以对您的这些顾虑我完全可以理解。不过，我对我们的产品很有信心，我们店开业到现在已经快 6 年了，对于一家家居建材店而言确实也不算短了，我们能坚持到今天靠的就是质量和服务。顾客买到不好的东西，一定会找回来的，而我们是想长期从事这个行业的，又何必给自己找这些麻烦，我们是绝对不会拿自己的商业信誉去冒险的，而且，……（介绍产品优势）”

点评：顾客对产品、对导购的信任是其作出购买行为的前提，当顾客表示任何不信任时，导购首先要做的就是恢复顾客的信任。

情景 7：你们新产品上架的速度实在太慢了

错误应对

1. 不好意思，今年确实比较慢。

点评：这样的回答态度虽然够诚恳，但是完全肯定了顾客的观点而没有作进一步的解释，对接下来的销售不利。

2. 可能是路上耽搁了吧，我也不太清楚。

点评：这种说法只能说明导购不够专业，对公司的情况不了解，很难取得老顾客的信任。

3. 我们新款一般都这个时间上市啊。

点评：如果情况不属实，最好不要这么回答，这样会有敷衍顾客的嫌疑，让顾客感觉我们不够认真。

情景解析

如果你长期关注了某个品牌，三番两次地光顾其门店，新产品却迟迟没有上架，你肯定会抱怨："新产品上市的速度实在太慢了！"出现这种情况，导购该怎么回答才能平息你的不满，并且推动销售进程的发展？

美国营销专家L.赫克金有一句名言："要当一名好的推销员，首先要做一个好人。"他所说的"做一个好人"，是指做一个诚信的人。诚实守信是销售成功之本，也是赢得顾客最有效、最永久的方法。作为导购，你是在为顾客服务，而不是在向他强行推销产品。不管你多能说会道，如果不实事求是的话，照样会丢失了原本属于你的顾客。

导购是一个品牌的名片，面对顾客的异议，处理得是否得当，不仅会影响到导购本人的业绩，更会给品牌带来不可小觑的影响。就本情景而言，能提出这样异议的顾客明显是对本品牌有过长期关注的，强词夺理实在不是明智的选择，承认问题的所在，并巧妙地转移与顾客的交谈重心或为下次的购买做下良好的铺垫，才是一名合格的导购应有的举动。

正确应对示范

导购："真的很感谢您对我们品牌一直以来的关注和支持。我们这个品牌对新产品的推出一向谨慎，前期要做充分的市场调研，以使我们的新产品能在最大程度上满足新老顾客的需求，再加上产品运输也要花费些时间，所以我们新产品的上市确实慢了些。让您久等了，真是不好意思。昨天跟总部刚刚沟通过，新产品已经在线上了，如果方便的话，请您留一下联系方式，产品一到我立刻通知您。其实，我觉得我们店里有几款也值得向您推荐，来，您这边请，看看有没有能打动您的。"

点评：诚信是销售成功之本，也是赢得顾客的最有效的方法，有了这张"金质名片"，一个品牌才能得以成长。任何的欺骗并不能为你带来真正的利益，只会让你受到惩罚。同时，顾客的关注点是可以转移的，导购要勇于做出自己的推介，这才是导购价值的真正体现。

情景 8：你们的产品质量也太差了吧，这儿都有划痕了

错误应对

1. 这是小问题，完全不影响使用。

点评：谁愿意买个有瑕疵的新东西回家？顾客听了一定会不舒服的。

2. 现在东西都这样，处理一下就看不出来了。

点评：再怎么处理，有问题就是有问题。这样的态度会让顾客下意识地觉得你会掩饰所有的问题，从而丧失对你的信任。

3. 这种小问题是难免的。

点评：这样的回答，向顾客传递的信息是顾客太过于挑剔，爱找茬，更重要的是导购对品质漠不关心，忽视细节的重要性。顾客会因为你的这句话，对你品牌的印象大打折扣。

情景解析

有问题并不可怕，可怕的是没有勇气去承认，甚至试图掩饰。产品/样品上的小瑕疵不同于其他的问题，它是实实在在摆在顾客眼前的，试图掩盖实在是不明智的做法，往往会欲盖弥彰，更容易失信于顾客。导

购在这个时候要勇于承认错误，作出合理的解释，寻求顾客的谅解，并感谢顾客的提醒，将意见者转变为建议者，使问题简单化。同时要迅速地把顾客的关注点转移到没有问题的产品上去。

正确应对示范 1

导购：“不好意思，是我工作的疏忽，没有及时发现陈列样品的这个细节，谢谢您的提醒。这款产品卖得非常好，看样品的人也多，大家你动一下我动一下的，难免会有这样的小刮蹭。这几天我们的新产品就要上市了，正考虑要将这些样品下架处理呢。您放心，我们一直以来都非常重视产品的质量，所售正品都经过厂家、门店和顾客三重检查，绝对是有保障的。您看我们这套产品……（让顾客体验其他的产品，介绍特点、优点。）”

点评：敢于承认错误是一种美德，只有让顾客看到你勇于担当的诚信，才不会因小（问题）失大（顾客的信任）。

正确应对示范 2

导购：“阿姨您好，您可真是个细心的人。是这样的，我们这套淋浴房正在做样品处理。这款产品卖得非常好，顾客来了都会拉拉门、敲敲玻璃什么的，体验的人多了难免会给样品造成一些小磨损。不过这都是外观上的，对使用一点儿影响都没有，而价格也只是正品的一半。如果不介意这一点小问题的话，真的很划算，而且，尽管是样品处理，我们的售后也同样是有保障的，跟正品是完全一样的。阿姨，这边是我们新上的款，您可以对比下。您看……”

点评：导购说到底就是沟通，而沟通是否顺畅，看的就是说话的技巧。

小的瑕疵，可能会导致顾客的质疑，但从另一个角度看，它也可以变成说服顾客购买的一个重要因素：小问题不影响使用和售后，而价格上的优势却是绝对的。

情景 9：顾客总是横挑鼻子竖挑眼 / 态度不好

错误应对

1. 与顾客针锋相对，绝不退让。

点评：这样势必会引起争吵，从而使顾客对导购产生不满。何况，导购与顾客争吵，赢的永远不可能是导购。

2. 放弃，不再接待这个顾客。

点评：轻易放弃一个顾客，等于轻易放弃一个销售机会。如此，又怎么能提升自己的销售业绩呢？

情景解析

在与顾客的交往中，经常会出现磕磕碰碰的情况。有时确实是顾客横挑鼻子竖挑眼，但是如果这时候导购也脾气暴躁，心胸狭窄，势必会影响到销售活动的顺利进行。聪明的导购往往善于给顾客一个“台阶”，让对方恢复心理平衡，这样既能赢得顾客，也平息了双方的矛盾。

有一句销售行话说得好：“占争论的便宜越多，吃销售的亏越大。”不管顾客如何批评，导购都不能与顾客争辩，因为，争辩不是说服顾客的好方法。正如一位哲人所说，“你无法凭争辩去说服一个人喜欢啤酒”，与顾客争辩，失败的永远是导购。

实际工作中，导购最容易在处理异议时陷入与顾客的争论中，这种可能性与洽谈的其他时候相比要大得多。因此，在处理异议时，导购应时刻提醒自己尽量避免争论，不管顾客如何激烈地反驳你，不管他如何与你激烈地针锋相对，你也不要争论。宁可在争论时输给顾客，也要把单签下来，这才是真理。

⊙导购沟通八忌

一忌争辩

导购与顾客沟通，是为了推介产品，而不是参加辩论会，要知道与顾客争辩解决不了任何问题，只会招致顾客的反感。

导购首先要对顾客有不同的认识和见解表示理解，容许人家讲话，发表不同的意见；如果你刻意地去和顾客发生激烈的争论，即使你占了上风，赢得了胜利，把顾客驳得哑口无言、体无完肤、面红耳赤、无地自容，你快活了、高兴了，但你得到的是什么呢？是失去了顾客、丢掉了生意。

二忌质问

导购与顾客沟通时，要理解并尊重顾客的思想与观点，要知道人各有志不能强求，切不可采取质问的方式与顾客谈话。用“你为什么不”“你凭什么不”之类质问或者审讯的口气与顾客谈话，是导购不懂礼貌的表现，是不尊重人的反映，最易伤害顾客的感情和自尊心。

三忌命令

导购在与顾客交谈时，微笑要展露一点儿，态度要和蔼一点儿，说话要轻声一点儿，语气要柔和一点儿，要采取征询、协商或者请教的口气与顾客交流，切不可采取命令和批示的口吻与人交谈。人贵有自知自明，要清楚你在顾客心里的地位，你需要永远记住一条，那就是：你不是顾客的领导和上级，你无权对顾客指手画脚、下命令或下指示，你只是一个导购。

四忌直白

导购要掌握与人沟通的艺术，顾客成千上万、千差万别，有各个阶层、各个方面的群体，他们的知识和见解都不尽相同。我们在与其沟通时，如果发现他在认识上有不妥的地方，不要直截了当地指出，说他这也不是那也不对。一般的人最忌讳在众人面前丢脸、难堪。俗语道，“打人不打脸，揭人不揭短”，要忌讳直白。康德曾经说过：“对男人来讲，最大的侮辱莫过于说他愚蠢；对女人来说，最大的侮辱莫过于说她丑陋。”我们一定要看交谈的对象，做到言之有物、因人施语，要把握谈话的技巧、沟通的艺术，要委婉忠告。

五忌批评

导购在与顾客沟通时，如果发现他身上有缺点，不要当面批评和教育他，更不要大声地指责他。要知道批评与指责解决不了任何问题，只会招致对方的怨恨与反感。与人交谈要多用感谢词、赞美语；要多言赞美、少说批评，要掌握赞美的尺度和批评的分寸，要巧妙批评，旁敲侧击。

六忌独白

与顾客谈话，就是与顾客沟通思想的过程，这种沟通是双向的。不但我们自己要说，同时也要鼓励对方讲话，通过他的说话，我们可以了解顾客的基本情况、购买预算、家装风格等等。双向沟通是了解对方有效的工具，切忌导购一个人唱独角戏，个人独白。

七忌冷谈

与顾客谈话，态度一定要热情，语言一定要真诚，言谈举止都要流露出真情实感，要热情奔放、情真意切。

八忌生硬

导购在与顾客说话时，声音要洪亮、语言要优美，要抑扬顿挫、节奏鲜明，语音有厚有薄，语速有快有慢，语调有高有低，语气有重有轻。要有声有色，有张有弛，声情并茂，生动活泼。

正确应对示范

顾客："一个马桶要上万？！你们是不是想钱想疯了呀？"

导购："是呀，李先生，这款产品的价格确实是有点贵，不过请您相信，它贵有贵的理由，而且理由非常的充分。您看……，而且……。这款马桶已经不再是一个简单的马桶而已，你看它的设计，时尚感非常强，把它摆进您的洗手间，一定能显出不一样的品位来。"

点评：顾客说马桶贵，导购就直接反驳说不贵的话，一定会使问题激化，于导购的整个过程完全无益。不管顾客的说法是否对，也不管顾客的言辞多么的犀利、激烈，导购一定要保有一颗平常的心。顾客对价格有异议，导购就可以改去强调产品的价值。价格跟价值不可能完全对等，这是人人都明白的道理，只要顾客觉得物有所值或者物超所值了，不管他的脾气多么的冲，该买的东西他还是会买的。

情景 10：产品存在某些缺陷，怕说出来会让顾客退却

错误应对

1. 光说优点，不谈缺点。

点评：对于一些明显的缺陷，即便导购什么都不说，顾客也会很快发现，如此顾客就会对导购产生信任危机，从而影响到整个销售的进程。

2. 实话实说，让顾客自己选择判断。

点评：实话实说是诚实，可是话要巧说，否则只能降低顾客对产品的兴趣度，毕竟谁也不想买一件有问题的产品。

情景解析

切·格瓦拉说："任何与事实不符的语言都没有任何实际意义。"而且，世界上没有不透风的墙，真相是藏不住的，问题迟早都会暴露在顾客面前，只不过或早或晚而已。如果问题在成交之前暴露，顾客就会对导购产生信任危机，从而使得整个销售过程无以为继；如果问题在成交之后暴露，必然会招致顾客的投诉，更会给自己制造数不尽的麻烦，而且会对整个品牌造成不良影响，等待导购的恐怕只能是被炒鱿鱼吧。

那么，产品本身真的有问题的话，导购该怎么办呢？

谁都不愿意买到有问题的东西，这是人之常情，所以很多导购为了尽快地达成交易，会回避对问题的谈论，而只讲产品的好。但是这种做法未必真能如愿，一味地讲产品怎么怎么好，有时候反而会给顾客带来不信任的感觉。所以，如果真的是产品本身就存在问题，作为导购，与其等着顾客自己发现，不如主动说出来。

但是，说实话也是需要技巧的。掌握一定的技巧，不仅可以使顾客对你对产品对品牌更加信赖，而且还可以有效地说服顾客，使顾客产生更加积极的反应。为此，在主动提及不足之处时，必须采用正确的方式，首先要注意学会“避重就轻”。

这里所说的“避重就轻”，并不是要你去刻意隐瞒产品的缺陷或过分夸大其优点，而是要你学会采用“负正法”来抵消顾客的不满态度。所谓的“负正法”，就是先说出产品的缺点，然后再根据这个缺点进行说明，以证明这个缺点并非不可弥补。

负正法

先说缺点再说优点等于优点，先说优点再说缺点等于缺点。即：

优点→缺点＝缺点

缺点→优点＝优点

很多时候，我们在说话时都是先说好的，再说不好的；但是，“负正法”却恰恰相反，它是先说不好的，再说好的。形象地说，“负正法”是先苦后甜。很显然，一般人都选择先苦后甜。就跟先喝药再吃糖一样，你见过先吃糖再喝药的人吗？这是为什么呢？

心理学家认为，在听话的过程中，人们更容易注意“但是”后面的内容。如果先说缺点再说优点，那么缺点会被缩小，反之则被放大。因此，在介绍产品时，我们需要记住这个公式：先说缺点再说优点等于优点，先说优点再说缺点等于缺点。

正确应对示范

导购：“虽然这套卫浴的款式不是最新的，但是它的价格却只有新款的七成，而且质量也跟新款一样有保证。”

点评：“但是”后边的才是顾客听的重点，明白了这一点，导购就一定要在“但是”后边多下功夫、多做文章。

情景 11：顾客所提出的不足之处确实存在

错误应对

1. 这没办法，什么东西都不可能是十全十美的。

点评：话是没错，问题是，你这样的回答等于强化了顾客对于产品不足之处的看法，从而对顾客的购买决策造成负面影响。

2. 与顾客争辩，不能让顾客觉得这些缺陷确实存在。

点评：既然这些不足之处确实存在，你还与顾客争辩，不是狡辩是什么？这样只会让顾客对你的诚信产生怀疑，而不会改变顾客原来的看法。

情景解析

所谓"补偿法"，就是指当顾客提出的异议有事实依据时，你应该承认并欣然接受，强行否认事实是不明智的举动。明智的做法是，先肯定确实存在的缺点，然后进行淡化处理，利用产品的其他优点来补偿甚至抵消这些缺点。

需要注意的是，如果顾客的反对意见正好切中了产品存在的缺陷，你必须给顾客一些补偿，引导顾客从产品的优势方面来考虑问题，使顾客取得心理上的平衡，也就是让他产生一种感觉：“产品的优点对他来说是重要的，产品不具备的优点对其而言是相对较不重要的，产品的售价和价值是一致的。”

补偿法的使用范围广泛，效果也很实际，关键是要把握产品的优点。美国艾维士汽车出租公司有一句有名的广告“我们是第二位，因此我们更努力！”，这其实也是一种补偿法。

正确应对示范

导购：“张先生，您真是内行，一眼就看出它是去年的款。不过，正因为如此，所以我们正在做促销，这么好的质量，才卖这个价格，真的是最划算不过了。”

点评：顾客质疑的问题确实存在，掩饰只会起副作用。但是，承认问题的存在也是讲技巧的。认同顾客观点的同时，一定要强调产品的卖点，只有这样，才能让顾客燃起购买的欲望。

情景 12：顾客所提出来的意见或看法是错误的

错误应对

1. 直接反驳顾客。

点评：除非是对产品销售或顾客购买决策有重大影响的“不实之言”，否则不要随便直接反驳顾客，那样会让顾客感觉没面子，甚至会激怒顾客。

2. 对顾客的错误意见或看法不予理睬。

点评：即使顾客所提出的意见或看法是不对的，导购也不能不予理睬，否则就等于是默认了顾客的错误意见或看法。

情景解析

有一句话说：“顾客永远是对的；如果顾客错了，请参照第一句。”为此，在“上帝”面前，无论顾客的意见是对是错、是深刻还是幼稚，你都要表示对他的尊重，绝对不能表现出轻视的样子，如不耐烦、轻蔑、走神、东张西望、绷着脸、耷拉着头等。相反，你要双眼正视顾客，面部略带微笑，表现出全神贯注的样子。同时，你也不能语气生硬地对顾客说："您错了""连这您也不懂"，不能显得比顾客知道得更多，如："让我给您解释一下……""您没搞懂我说的意思，我是说……"，因为这些说法是明显地抬高自己，贬低顾客，会挫伤顾客的自尊心。

当顾客提出的意见或看法是错误的时候，导购应该根据不同的情况，运用不同的方法进行处理。

间接否认法

所谓"间接否认法"，是指在顾客提出异议后，导购先给予肯定，然后再说出自己的观点或意见，以避免和顾客发生正面冲突。

人有一个通性，就是不管有理没理，当自己的意见被别人直接反驳时，内心总是不痛快的，甚至会被激怒，尤其是遭到一位素昧平生的导购正面反驳的时候。所以，屡次正面反驳顾客，会使顾客恼羞成怒，就算你说得都对，也没有恶意，还是会引起顾客的反感。因此，运用间接否认法可以缓和顾客的对立情绪。

间接否认法通常采用"是的……如果……"的句式。其实，"是的……如果……"是源自"是的……但是……"的句法，只是"但是"的字眼在转折时过于强烈，很容易让顾客感觉到你说的"是的"并没有包含多大诚意，因为你强调的是"但是"后面的诉求，因此，在表达不同意见时，尽量利用"是的……如果"的句法，软化不同意见的口语。用"是的"表示肯定顾客的意见，用"如果"表达是否另一种状况比较好（即说出你自己的观点）。

请比较下面的两种说法，感觉是否有天壤之别。

A："您根本没了解我的意见，因为状况是这样的……"

B："平心而论，在一般的状况下，您说得都非常正确，如果状况变成这样，您看我们是不是应该……"

A："您的想法不正确，因为……"

B："您有这样的想法，一点也没错，当我第一次听到时，我的想法和您完全一样，可是如果我们作进一步的了解后……”

养成了用 B 的方式表达你的不同意见，你将受益无穷。

直接反驳法

所谓“直接反驳法”，是指当顾客提出异议时，导购就直截了当地予以否定和纠正。如果运用得好，直接反驳可以增强顾客的购买信心，可以给顾客一个简单明了、不容置疑的解答。

按照常理，导购直接反驳顾客的异议是不明智的，因为直接反驳顾客容易引起争辩，可能会给顾客心理增加压力，甚至会激怒顾客而导致销售失败。如果因为直接反驳而使顾客感到自尊心受伤害，那么，即使产品再好，顾客也会拒绝购买。另外，如果措词使用不当，会破坏销售气氛以及双方的情绪，从而使你的销售活动在顾客原有异议之外又增加了新的障碍。

因此，直接反驳法仅用于顾客提出的反对意见明显不正确的情况下。在有些情况下，你确实必须直接反驳以纠正顾客不正确的观点。比如：顾客对企业的服务、诚信有所怀疑或顾客引用的资料不正确等情况。出现上面两种状况时，你必须直接予以反驳，而不能坐视不理。因为如果顾客对你以及企业的服务、诚信有所怀疑，你拿到订单的机会几乎可以说是零。这个道理很简单，如果保险企业的理赔诚信被怀疑，你会去向这家企业投保吗？如果顾客引用的资料不正确，而你能以正确的资料佐证你的说法，那么顾客一般会接受你的反驳，并且可能会对你更信任。

无论如何，直接反驳顾客的异议毕竟是与顾客正面交锋。为了避免激化矛盾，产生不良影响，导购必须注意以下几点：

（1）不可滥用。直接反驳法只适用处理因为顾客无知、误解、成见、信息不足而引起的有效异议，不适用于处理无关与无效异议，不适用于处理因情绪或性格问题引起的异议。对固执己见、气量狭小的顾客也最好不要使用这种方法，否则容易引起这类型顾客的反感及抵触心理，认为你不尊重他，从而产生争执。

（2）态度友好。为了避免触怒顾客或引起顾客的不快，导购在反驳顾客时，应始终保持友好诚恳的态度，面带微笑，注意语言技巧和选词用语，切勿动怒责备顾客。即使顾客是因为无知或者有意提出异议，你也只能对事不对人，反驳看法而不是顾客的人格，以免冒犯顾客甚至是伤害顾客的自尊。

（3）有理有据。用以反驳顾客异议的根据必须是合理的、科学的，而且是有据可查、有证可见的。在反驳顾客异议的过程中，导购应首先明确指出顾客的异议内容，明确异议性质与根源，然后，由浅到深摆出事实、证据和理由，依靠事实与逻辑的力量说服顾客。

正确应对示范

顾客：“你们的这些产品好多都是贴牌或者随便挂个国际品牌的名头来唬人的。”

导购：“张小姐，我非常了解您的这种想法，现在有些品牌的这种做法确实很容易让人产生这种不信任感。但是我们的确是中法合资的品牌，不管是在设计上，还是在品牌管理理念上，都是按照国际标准在执行。您看，这是法方公司的介绍，这是我们公司的认证书。”

点评：对品牌本身的质疑容易使顾客产生不信任感，从而影响对产品质量、服务等方面的认可度，是一个关乎销售能否完成的非常重大的问题。对于这样的问题，导购必须正面予以指正，间接肯定的回答往往可以使顾客重拾购买信心。但是运用直接反驳方法一定要注意分寸的拿捏，言辞不可太过激烈。

第四章　价格异议要这么处理

情景 1：顾客看了标价或听了报价，转身就要离开

错误应对

1. 走就走呗。不加以理睬，也不挽留。

点评：这样应对太过消极，不懂得把握潜在顾客，很难能有业绩上的提升，而且会让顾客觉得你一点儿都不在乎生意，一点儿都不尊重顾客，没有礼貌。

2. 小姐，您别只看价格，要看看它的质量啊……

点评：话说得是没错，确实是一分钱一分货。可是，顾客都准备离去了，才说出这样的空话来，顾客是很难改变她的决定的。

3. 跟没事儿人一样，对顾客说欢迎下次光临。

点评：礼貌告别是应该的，不过没有作出任何努力以挽留顾客，对业绩仍然没有什么帮助。

4. 小姐，别着急走嘛，如果诚心想买，您开个价吧。/ 小姐，先别走，诚心想买的话可以给您打个折。

点评：本意是想挽留顾客，不过如此轻易、主动地提出可以给予价格上的让步，容易让顾客“得寸进尺”，导致自己在随后的讨价还价中处于不利地位。

5. 真是的，不想要干吗问价格哦（小声嘀咕）。

点评：很多导购，尤其是在心情不爽的时候，经常会在顾客背后小声嘀咕。这样的做法，很容易让顾客反感，如果碰到敏感的顾客，甚至会因此与你大吵起来。

情景解析

顾客会看标价或者向导购询问价格，通常表明其对该产品是有一定兴趣的。但兴趣归兴趣，对于价格这个敏感的要素，顾客是不可能不考虑的。顾客之所以看了标价或者听了报价之后就准备转身离开，要么是因为这个价格超出了顾客的购买预算，要么是因为该价格超出了顾客的心理预期。

销售经验告诉我们，在与顾客沟通的过程中，导购要尽量避免主动报价，以免从一开始就让导购活动陷入僵局。当然，有些情况是导购所无法掌控的，比如顾客主动看标价或者追着询问价格，导购是不可能对此不作回答的，即使明知道这样会让自己失去价格谈判中的主动地位。

无论如何，我们不能让顾客轻易离开，而是要积极主动地去争取顾客。只有留住了顾客，才有成功的机会，否则即使是拥有再高超的导购技巧，也是英雄无用武之地了。

人们常说，时间就像海绵里的水，挤挤总会有的。其实买东西往外掏的钱也是一样，遇到自己心仪的东西，脑门一热，超预算购买也是极有可能的。因此，遇到这种情况，导购千万不要轻易选择放弃。其实，顾客觉得价格高，最为重要的是因为还没有完全了解到这个产品对于他而言有什么好处和有多大的好处，或者说，这件产品到底值不值得这个价，值不值得多花点儿钱买下它。

具体来说，这种情形下，导购在说服顾客时，要学会淡化价格，强调价值，让顾客充分感受到产品是物有所值甚至是物超所值的。即使顾客确实不想买或者没有能力购买这样高价位的产品，也可以再向顾客推介其他价格稍低但相类似的产品。

正确应对示范 1

导购：“小姐，请稍等，您是不是觉得这只马桶的价格有点儿高了？”

顾客：“不是有点儿高，而是太高了。就这么个马桶，竟然要3000多。”

导购：“小姐，您先别急。很多顾客一听到价格，开始都觉得太贵了。后来呢，大多数顾客还是选择了购买。您知道为什么吗？”

顾客：“哦，为什么？”

导购：“这只马桶可是我们这个品牌卫浴系列的精品之作。WTO您一定知道，但这里我说的WTO不是世贸组织，而是世界厕所组织，它是一个关心厕所和公共卫生问题的非营利组织。这个WTO就有一项调查数据显示：人一生当中在马桶上的时间为3年。所以，一定要选对马桶才能对得起自己的宝贵的生命。您看，……（介绍产品的特点、优点）。现在，大家都开始注重生活品质的提高，做懂生活的人，而我们的马桶也是懂生活的好马桶。”

点评：原本还看得有滋有味，看完/听完价格，却随即转身离去，价格高肯定是一个主要原因。既然如此，导购直接询问也未尝不可。接下来的关键在于，要清楚地告诉顾客，产品的价值远在其价格之上。可以用幽默的语言来缓解敏感的气氛，让顾客在轻松愉快的氛围中迈过价格这道坎儿。

正确应对示范 2

导购：“小姐，先别着急走嘛。您刚才看的那套产品，确实非常契合您的设计理念，其实，风格类似的更经济实惠的产品我们这里还有其他几款，您可以一起比较比较看。俗话说买卖不成仁义在，买不买没关系，咱们可以多聊聊，这对我们今后的产品定位以及您的装修说不定都有好处。”

点评：便宜跟经济实惠其实是同义词，但是听起来的效果却大不相同。作为导购一定要注意讲话的艺术。同时，顾客多留在店里一分钟，他就有多一份改变看法的可能，所以，导购一定要尽量延长顾客的驻留时间。

情景 2：东西还不错，就是太贵了

错误应对

1. 这个价不贵的。

点评：这样的回答缺乏足够的说服力，无法消除顾客“太贵了”的感觉，很难让顾客掏腰包。

2. 那您认为多少钱才不算贵呢？

点评：处理价格异议的时候，最好不要使用反问句。这样容易加快价格谈判的进程，使自己过早地陷入与顾客讨价还价的被动局面。

3. 您要看质量啊，一分钱一分货。

点评：话说得没错，一分钱一分货，要想质量好，就要多花点儿钱。不过，如此直白地回应顾客，有向顾客说教的意味，顾客听了会很不舒服。

4. 没办法，我们这是品牌货。

点评：这样说显得傲气十足，潜台词就是“品牌货就是这个价钱，要不要随你”。如果顾客不是非常看重品牌，或者不是很认可你这个品牌，只是觉得产品还可以，这样会让顾客产生反感：你以为你是什么国际知名品牌啊！

5. 要不您看看另外这一款，这个便宜，只要 400 多元就够了。

点评：既然顾客已经表明喜欢这一款，导购就别再转移顾客的注意力，向顾客推荐其他款式了，否则就是给自己制造销售障碍。

情景解析

出于正常的消费心理，每个人都希望能够购买到物有所值甚至是物超所值的商品。即使他们已经产生了购买兴趣，但为了能尽量以最小的代价买到自己心仪的东西，他们还是会不厌其烦地和导购进行最为关键的一次交锋——议价与守价。换句话说，抱怨价格过高已经成为消费者的一种习惯，而不管这个价格是不是真的高了。

既然顾客顾虑的只是不确定自己所要购买的东西是否物有所值甚至物超所值，那么，导购应该做的就是要向顾客清楚地说明这个产品真的是物有所值甚至物超所值。如果你能够把产品的种种优势很好地呈现在顾客面前，告诉顾客购买这款产品能给他带来多少利益，让顾客明白买这件产品才最合算、最有价值，直到价格对顾客来说变成一个相对次要的问题了，你就算成功地处理了顾客的价格异议了。

正确应对示范

导购：“小姐，您真是好眼力，这款产品，从设计到用料都堪称精品，它的设计师还凭借它拿了当年设计大赛的金奖呢。单看价格确实有点贵，但是还是有很多像您一样追求高品质生活的人士选择了它，因为以它的品质，性价比还是很高的，买了绝对不会后悔。您看，……（产品的特点、优点）。怎么样？我现在帮你开单，傍晚就可以安排送货了。您的地址是？”

点评：先夸赞顾客，对顾客“这款还不错”的想法表示认同，以激发顾客的购买兴趣；接着，对顾客“就是太贵了”的看法表示理解，以避免站在顾客的对立面，减轻顾客的抗拒力；最后，再次结合顾客“还不错”和“太贵”这两个让其犹豫的方面做重点说服，让顾客主动意识到产品真的不错，以这个价格买来真的值。

情景3：明明是促销不讲价的，顾客还是要还价

错误应对

1. 不好意思，促销品不讲价。

2. 这是促销产品，已经是最低价了。

点评：这两种回答都属于结果导向性沟通方式，同很多销售情景一样，只告诉顾客结果，而不告诉顾客为什么不行，这样很难争取到顾客。

3. 不是吧，促销品还讲价？

点评：毫无疑问，这样的质问会让顾客觉得难堪，对于一些较为敏感的顾客，甚至会觉得你是在嘲笑他，从而对你产生反感。一旦如此，这桩生意基本上是黄了。

情景解析

做促销活动时，通常是在价格上已经给了最大的优惠，是不能再讨价还价的。大多数顾客对这点还是清楚并理解的，然而有些顾客却不管是不是促销，更不信任导购所说的“对不起，今天我们是促销，不讨价还价的，现在的价格已经是最低了”，还是一再讨价还价。对于这样的顾

客，很多导购都感觉厌烦，生硬地回绝顾客，甚至对顾客不予理睬。这种做法是非常错误的。

在交易过程中，对价格表示异议已经成为一种无法避免的现象。很多消费者都有这样一个习惯，不论价格高低，第一反应就是抱怨东西太贵，为的是增加手中的谈价砝码。然而，换个角度来看，没有购买欲望的顾客就不会同你进行价格上的谈判。所以，导购要牢牢把握住进行到价格谈判这一阶段的顾客，让顾客认识到以这样的价格购买是物超所值的，这样才会在沟通过程中占据有利的位置。因此，即使碰到对于不讲价的促销产品还一再讨价还价的顾客，导购也要控制住自己的情绪，即使你非常不愿意接待这样的顾客，也要晓之以理动之以情，让顾客明白，不是你不给他优惠，而是因为促销品是不讲价的，并且这个价格已经是最低了；同时，更要让顾客清楚地意识到，产品的性价比非常高，价值远远高于价格。

正确应对示范

导购：“小姐，您放心，能优惠我肯定会给您优惠的。您也知道，这次国庆中秋双庆，我们商场促销力度非常大，像您看的这款产品，现在才三折，多实惠啊。等国庆中秋一过，就没有这么低的价格了。而且，这款产品我们卖得非常好，让我看一下，现在库存就只剩下五套了，哦，不对，应该是四件，刚刚又有个顾客去交款了。”

点评：处理价格异议的方法之“机会不再法”，就是通过告知顾客“过了这个村就没有这个店”，以达到刺激顾客购买的目的。比如可以强调优惠期：如果不买的话，过几天会涨价。即利用或制造一些借口或假借某些客观原因临时设置一个有效期，让对方降低期望值，只能在我们方案范围内和所设定的期限内作出抉择。

情景 4：我是你们店长的朋友，怎么着也得优惠点吧

错误应对

1. 不好意思，就算是老板的朋友也是这个价。

点评：这种说法语气太强硬，会让顾客感觉自己在自讨没趣，非常没有面子。

2. 这我做不了主，您直接打电话给他吧！/需要我帮你打个电话给他吗？

点评：这两种说法纯粹是在给自己和老板制造麻烦，容易让老板怀疑你处理事情的能力，而且可能降低顾客的购买热情。

3. 我们老板交待了，他的朋友也是这个折扣。

点评：这种说法相当于出卖老板，如果顾客真是老板的朋友，会让老板在其朋友面前丢面子，甚至丢信誉，严重的话你的工作也就岌岌可危了。

4. 是吗？我们老板没提过啊。

点评：毫无疑问，这样的回答等于是在指责顾客说谎，会让顾客感觉丢面子，甚至恼羞成怒。再者，如果顾客真是老板的朋友，最后连老板都会怪罪于你怠慢了他的朋友。

情景解析

在导购过程中，尤其是在讨价还价的时候，经常会遇到一些拿上级或老板来“威胁”我们要折扣的顾客，无非是这些情况：这套 ××× 多少钱，我可是你们老板的朋友；不是吧，一点折扣都没有，你给我优惠点，不然我打电话给你们老板了；我是你们老板的朋友，怎么说也得再优惠点吧，要不我给他打个电话……

正如俗话所说的“有关系好办事”。在中国这样一个非常注重人情关系的国家，有时候为了获得利益，打人情牌是一种快速且有效的方式。当顾客运用“人情牌”战术时，导购没有必要刻意去辨别其中的真假关系（比如顾客是否真的和店长是朋友），只需要继续予以热情的接待，满足顾客的虚荣心和要求被重视的心理。顾客是上帝，得罪了他就失去了生意，如果这位顾客真是店长或其他领导的朋友，得罪了他对自己的工作很不利。其实，很多时候，顾客打“人情牌”的一个主要目的就是想以特殊的关系获得特殊的待遇。至于这特殊的待遇，除了价格上的优惠之外，给予特别的尊重和重视也是其中的一种。比如，对顾客多一些赞美，多一些礼节。

正确应对示范 1

导购：“哦，您是我们店长的朋友啊。真不凑巧，我们店长今天去开会了，要不你们还可以叙叙旧。您放心，我们店长交待过，只要是他的朋友，一定要好好接待。跟您说实话吧，这个价格已经是底价了，没法再便宜了。您是店长的朋友，我不能一点都不照顾，这样吧，装修房子难免会担心室内空气的问题，这台空气净化器单买也要大几百块，我就破例一次，直接送您了。来，您看看要哪种颜色。”

点评：通过“透露”底价，让顾客不再为难你；又通过赠送赠品，让顾客满足了虚荣心。这样顾客也就不好再说什么了。

正确应对示范2

导购：“呵呵，这可真让我为难了，您给我们老板打电话，他还以为我们对他的朋友照顾不周呢。因为我们老板朋友比较多，所以他早就给我们交待好了，只要是他的朋友来，都给这个最优惠的折扣，绝对不会跟一般的顾客一样。哪天您和我们老板在一起的时候，可得帮我美言几句哦。另外，还得麻烦您帮我在单上签个名，要不老板会以为我是在乱送人情。”

点评：搬出老板的“指示”，暗示这个价格已经是最低价，顾客也就不好再强硬要求折扣了。通过签名等方式，又让顾客更为信任导购的这一番话语，以免顾客怀疑你是在忽悠他。

情景 5：我不要赠品 / 积分，直接给我打个折扣吧

错误应对

1. 不好意思，我没这个权限。/ 这是店里的规定，我也没有办法。

点评：这两种说法都属于结果导向型沟通方式，只告诉顾客结果，而不告诉顾客为什么，不仅难以说服顾客，而且这样直接的拒绝会让顾客心里不舒服。

2. 不可能，我们的赠品是拿来赠送的，没办法抵现金来用。/ 价格是不可能再降了，赠品你不想要就算了。

点评：这样的拒绝太过于简单化，而且语气太强硬，会给顾客强烈的挫折感，从而导致顾客的不满。

3. 这次是搞活动才有赠品，之前是没有的。

点评：这样的说法会让顾客认为你们店铺回馈顾客的次数太少，力度太小，会影响其成为老顾客。

4. 你可真会算啊。

点评：很明显，这种说法会让顾客感觉你是在讽刺他。

5. 赠品和积分是送您的，不要白不要嘛。

点评：这样回答无异于是“牛头不对马嘴”，没有解决顾客的异议。

情景解析

赠品/积分是一种常见的促销手段。但对于顾客来说，通常会觉得赠品/积分远不如实实在在的价格折扣更为划算，因此会提出不要赠品/积分，而要求直接打折。毕竟，折扣能够给顾客的是实实在在省下来的钱，而赠品对顾客来说很有可能没有意义，积分更是看不到价值的东西。

对于这种情况，如果公司的销售政策允许，当然没有问题。不过，恐怕没有几家公司会允许这么做的。因为赠品/积分本身就是一种促销手段，不大可能换算为折扣；再者说，即使可以换算为折扣，换算为多少是合适？要知道，赠品/积分表面上价值是很高，而实际上要低得多。换高了，公司肯定要吃亏；换低了，顾客不但不满意，反而会更加质疑赠品/积分的不实在之处了。

因此，对于顾客要求将赠品/积分换为折扣的要求，导购要学会拒绝。拒绝顾客是一种技巧一门艺术，简单粗暴的拒绝会赶走顾客的。在拒绝顾客的时候，一方面要照顾到顾客的面子，另一方面要积极引导顾客，引领顾客朝着成交的方向走。具体到本情景而言，导购在拒绝顾客将赠品/积分换算为折扣的要求时，应向顾客解释清楚赠品与折扣的区别，强调赠品的价值。很多时候，顾客之所以不想要赠品，除了觉得价格折让更为实在之外，还有一个关键的因素是因为不了解赠品的价值，不了解赠品所能带给他的利益，因此导购要像介绍产品一样介绍赠品，让顾客明白赠品的价值和所能带给他的利益。

正确应对示范

导购：“真的很抱歉，这次同以往的优惠活动不同，送的赠品是公司用来回馈顾客的礼品，相当于额外送给您的礼物，所以是不能抵成折扣的。还有，如果您仔细计算一下，就会发现赠品比折扣更为划算。您看，这款 ×××，单卖价格是 ××× 元；而您买的这款 ×××，价格已经是非常实惠了，就算再打九折，也才便宜不到 ××× 元，而且 ××× 也是我们居家过日子能经常用到的，能免费拿到真的是很划算。”

点评：向顾客解释赠品和折扣的关系，说明不能换算为折扣的原因，然后让顾客认识到接受赠品比折扣更为划算，而且赠品对于自己非常实用。

情景 6：隔壁店 / ×× 品牌比你们便宜很多

错误应对

1. 您不能只看价格，还要看质量。

点评：有说教的意味，让顾客感觉不舒服。

2. 我们这是品牌货，和他们不是一个档次。/ 他们的品牌和我们的能比吗？

点评：这样说显得过于盛气凌人，容易让顾客感觉不自在。

3. 是吗？不一样吧。

点评：顾客听到这样的话，最初的反应是导购不信任他；进一步去想，就会觉得导购不专业，或者是在狡辩，自欺欺人。

情景解析

“货比三家”，这是非常正常的消费行为。导购没有必要因为顾客的比较就心慌心虚。再者说，顾客会愿意比较，说明他还是感兴趣，有兴趣总比没兴趣好，有兴趣就会有购买的可能。

顾客可以用比较法，导购同样可以用比较法进行应对。只是，顾客在比较的时候，更侧重于价格；而导购在比较的时候，应侧重于价值和利益。

运用“比较法”时需要注意的是，不要就事论事，说自己的好，别人（便宜）的不好，或者干脆说：“你也不看看这是什么牌子？”因为我们在贬低他人的时候，也贬低了自己在顾客心目中的形象，这样更难取得顾客的信任。你最好举出一些不同类型产品的价格现状。比如，你可以说：“您看手机，同样的配置，三星的和国产的价格就是不同，没有一个人说三星的贵了，品牌不同嘛。”

正确应对示范 1

导购：“先生，是的，我们的价格是高了些。不过，您也清楚，不同的品牌当然会有不同的价格了。值不值这个价关键还要看质量、服务和品牌，相信您一定有经验，比方同样是手机，三星的智能机比山寨版的智能机价格高很多，但是没有人会说三星的贵，因为品牌不同啊。您说是这个道理吗？”

点评：拿常见的其他产品的不同品牌进行对比，顾客很容易就明白这个道理了。

正确应对示范 2

导购：“小姐，您说的没错，我们两家的橱柜在风格上确实比较相近，很多顾客也因此而犹豫不决，不知道该选择哪一家。早上，有一位小姐也是在我们两家店来回走动、比较，最后她还是回到我们这里订了一套。您知道为什么吗？她是个会计，做事情非常仔细，我们店家做的介绍、讲的话，她都会打个对折来听。折腾了几个回合，她说我们的橱柜烤漆做工确实比×××的好很多，我们的橱柜映出的人影都不会变形，而且橱柜的细节设计也更人性化。”

点评：通过借助第三人来说明两者的差别，会比导购自己说更有说服力，更容易让顾客相信。

情景 7：我都来了好几趟了，再给打点折吧

错误应对

1. 真的没有办法，能卖我早就卖您了。/ 如果可以，我怎么会不卖给您呢。

点评：这两种回答都是直接告诉顾客价格这一点我是不会做任何让步的，相当于摆了一座南墙让顾客撞。而且，顾客本来因为多次前来就感觉没面子，这样的回答会让顾客更觉得自讨没趣，从而放弃购买。

2. 不好意思，这是公司规定的价格，我也没办法呀。

点评：这样的回答透出许多无奈，把责任推给公司，默认了顾客价位过高的想法，对接下去的销售十分不利。

3. 您看您最后还是回到我们这里来了，我都说过了，我们这个价格是非常实在的嘛。

点评：带有讥讽和调侃的语气，会让顾客觉得没面子甚至反感。

情景解析

有研究表明，回头客的购买率为 70%。因此，对待回头客，导购在

接待时要积极主动，促进其产生购买行为。有些导购会觉得，这些来了多趟又犹豫不决不能下定购买决心的顾客太过于“小气”，与他们讨价还价很累。其实不然。顾客能为了一件产品多次“回头”，说明他的确非常喜欢这件产品，而顾客越喜欢，在讨价还价时对导购就越有利。

其实，对于三番两次来我们店里的顾客来说，每次看了都不买，他自己也会觉得不好意思，在讨价还价的时候底气多少有些不足。对此，一方面导购不要给顾客太大的心理压力，尤其不要在言行举止中对其有不耐烦、不屑的表现，而应以始终如一的热情和真诚自然的语气来与其沟通，排除顾客心理上的不安；另一方面，导购应再次强调产品的价值和利益，再次调动顾客的购买兴趣。在必要的时候和条件允许的情况下，导购可以作出适当的让步，比如附送赠品等。

正确应对示范 1

导购：“小姐，我看得出来您很喜欢这套 ××，我也是真心想卖您，但是价格上我真的没有办法再优惠了。您看，我输入您说的这个价格，电脑系统里根本就开不出票来，低于我先前给您报的 ×××× 是不能销售的。其实买 ×× 最重要的还是看是否适合您的设计构思，这样才能让您的家更舒适温馨，您说呢？”

点评：用事实向顾客表明价格的确是最低价，让顾客清楚确实是没有降价的空间了；接着向顾客再次说明产品能带给他的利益，促使顾客下决心。

正确应对示范 2

导购：“是啊，之前也跟您聊过几次，非常清楚您的诚意。所以，我专门打电话给我们经理，请示这件事。我们经理也说之前给您的价格已经是最低的了，我就一再跟他强调您的购买诚意，经理这才同意送您一款价值 ××× 的 ×××。您看这样可以吗？”

点评：运用“攻心法”让顾客觉得我们确实是在为他着想，为他争取最大的利益，以化解顾客要求更多优惠的攻势。人是有感情的，如果顾客真的认为你已经很为他着想，已经在尽力帮助他，那么他是不会让你为难的。

情景 8：我是你们的老顾客介绍过来的，可以优惠多少

错误应对

1. 不好意思，我们这里不讲价的。

点评：这样的回答不仅直接拒绝了顾客，而且无视了老顾客的存在，相当于把新老顾客同时推出门外。

2. 没办法，我们这里对老顾客也是这个价格。

点评：这样回答的潜台词即是：老顾客都是这样的价格，新顾客就更不用说了，买不买你自己看着办。这样的态度，顾客凭什么要在你这里消费？

3. 我们这里是公司统一定价，我没办法给您优惠。

点评：把公司拿出来当挡箭牌，用规定来拒绝顾客，显得不近人情。

4. 老顾客介绍您来，没和您说过我们这里不讲价吗？

点评：反问的语气听起来像质问一样，让人极为不舒服。进一步说，这样的回答是不是有暗示顾客假冒老顾客朋友的意思？

情景解析

市场营销学里有一项统计数据显示，一个忠诚的老顾客可以影响 25

个消费者，诱发8个潜在顾客产生购买动机，其中至少一人产生购买行为。要维护好老顾客的关系，对于其介绍过来的朋友也一样要给予足够的重视。只有这样，老顾客才会源源不断地介绍新顾客给我们。

应该说，老顾客肯介绍自己的朋友来光顾，说明他对我们是认可的。对此，导购一定不能辜负了老顾客，要给予他的朋友特别的服务，否则不但老顾客的朋友不满，老顾客自己也会感觉不满。当顾客以自己是老顾客介绍过来的为理由要求优惠时，情况允许的条件下，价格上能让步就让步，即使没办法，也要用赠品、积分、服务等方式来表示对老顾客的友好。聪明人懂得让顾客成为长期支持者，形成自己的老顾客群，利用口碑营销来达到最好的宣传效果。

正确应对示范

导购："哦，您是张先生的朋友呀？那也就是我的朋友了。张先生家装修，露台部分就是我们帮他做的，您肯定去看过了吧？他家的露台本来不算大，但经过我们的设计装修，功能性就很强了。前几天张先生还打电话邀我去他家喝茶呢，可惜我刚好在外地。我这个人最爱交朋友，这样吧，既然是张先生介绍过来的，我就按当时给张先生的价格给您，您看如何？"

点评：适当地聊聊家常，可以拉近导购与顾客的心理距离；给予与老顾客一样的优惠价，既给足了老顾客的面子，也表明了对新顾客的重视。

情景 9：人家促销都四折、五折，你们的怎么还只打八折

错误应对

1. 他们折扣低，但他们家产品没我们好啊。

点评：这种贬低竞争对手的做法，只会让顾客觉得你心胸狭隘、不值得信任。

2. 我们公司的规定就是这样定的。

点评：说的可能是实情，但是这种直白的回答，会让顾客很受伤。

3. 那就去看看他们家的吧。

点评：这是在赶顾客走！送上门的生意你都不愿意做，还能期望什么好业绩？！

情景解析

顾客明知道你的折扣力度远没有别家的大，却还愿意花费时间来看、问，就说明他对你的产品甚至是价格都是非常认可的，只是折扣数字的大小让他不痛快而已。

作为导购，你要向顾客清楚地说明购买你的商品他所能得到的利益，

变不利为有利。只要你能够把商品的种种优势很好地呈现在顾客面前，告诉顾客购买你的商品能给他带来多少利益，让顾客明白只有买你的商品才最合算、最有价值。只有这样，才能成功弱化折扣数字的大小给顾客造成的不痛快，才算成功地处理了顾客的价格异议了。

正确应对示范 1

导购："您说的对，我们的促销折扣确实相对少一些。其实商家打折的原因很多，一般要根据库存情况、公司策略、是否有新品上市等实际情况来制定。我们公司产品较少打折是因为我们的定价本来就很实在，而且也考虑到如果顾客买了我们的产品，没几天就发现价格差了一大截，心里肯定不是滋味，恐怕就会怀疑我们的诚信，以后再也不来了，您说是这个道理吧！"

点评：帮顾客分析商家打折的一般愿意，以及自己公司的定价原则。顾客能提出这样的疑议，说明他对产品甚至价格还是有一定的认可程度的，所以，只要你的婉转分析可以被顾客接受，顾客应该会很快作出购买的决定。

正确应对示范 2

导购："呵呵，看来您对我们建材家居市场的情况还是很了解的。其实，大家盼着能多些折扣，就是想得到真正的实惠。而我们的产品，虽然折扣不如其他家力度大，但是我们是大品牌的厂家，我们的产品在材料、设计以及环保指标上，会更有优势，也更有保障（向顾客介绍产品的优点、卖点）。购买我们的产品一定不会让您觉得后悔，跟购买其他家的产品相比，您最终得到的实惠只会更多。"

点评：先向顾客传达折扣跟实惠这样两个概念的关联性，然后通过介绍自己产品的优势，让顾客清楚地知晓买我们的产品就是买到了真正的实惠。

情景10：你们产品的折扣力度这么大，是不是有什么质量问题啊

错误应对

1. 哎，竞争激烈，生意不好做啊。

点评：用这样的口吻同顾客说话，除非是老顾客，否则很可能认为价格是随意指定的，还有很大的降价空间，容易引起价格战。

2. 打折难道不好吗，你们可以买得更便宜呀。

点评：当顾客提出问题的时候，应该作出回答，最好不要直接反问，会让顾客感觉不受尊重。

3. 我不清楚，这是公司要求的。

点评：连自己公司的状况都不了解，顾客会认为你不够专业，服务态度不够认真，从而降低购买热情。

4. 现在买很划算的。

点评：属于牛头不对马嘴的回答，顾客会认为你在敷衍了事。

情景解析

有一个学者给他的学徒们讲了一个故事：五金店里面来了一个哑巴，

他想买一个钉子。他对着服务员左手做拿钉子状，右手做握锤状，用右手锤左手。服务员给了他一把锤子。哑巴摇摇头，用右手指左手。服务员给了他一枚钉子，哑巴很满意，就离开了。这时五金店又来了一个盲人，他想买一把剪刀。这时，学者就问：这个盲人怎样以最快捷的方式买到剪刀呢？一个学徒说，他只要用手作剪东西状就可以了。其他学徒也纷纷表示赞成。学者笑着说，你们都错了，盲人只要开口讲一声就行。学徒们一想，发现自己的确是错了，因为他们都用惯性思维思考问题。

在我们生活中，有不少似是而非的“惯性思维”。物美价廉是每一个消费者所期望的，但是，又有另外一句俗语与之相对应，那就是“便宜没好货”。看到折扣力度大就担心质量有问题，有这样想法的顾客，用的就是一种惯性思维法，它很容易造成思考上的盲点。当顾客受惯性思维限制的时候，作为导购，要及时地帮顾客打破这种惯性，让他清楚地了解我们换季前就打折的真正原因。紧接着用打折促销鼓励顾客立刻购买，让对方认识到现在买可以得到的好处。

正确应对示范

导购：“您有这样的疑惑我很能理解，刚才也有位顾客向我们提出了相同的问题。是这样的，我们这个品牌今年刚好十周年，而且又赶上我们店庆，双庆合一，折扣的力度才会这么大。要是平常，您看的这款产品，价格比现在要高 30% 都不止呢。而且，我们的双庆活动到这个月底就结束了。”

点评：向顾客解释清楚本次促销的原因，才能打消其在品质方面的顾虑；“活动即将结束”，则可以营造紧张气氛，从而使迅速完成交易成为可能。

情景 11：我也懒得再讲价了，八折吧，不然我就去别家了

错误应对

1. 不好意思，这已经是最低价了。

2. 真的没办法，如果可以我早就给您便宜了。

3. 这个价格已经不能再低了。

点评：这三种应对都太过于生硬了。即使确实已经给了顾客底价，而不能再予以任何让步，也不能让顾客觉得你一点面子都不给。

情景解析

俗话说，“买的没有卖的精”，顾客买东西总会担心卖家的价格有水分，买亏了，总希望能“抄了卖家的老底”。导购的过程其实就是一个攻心的过程。顾客既然花费时间和口舌来要求更低价，就表明她对产品本身有着强烈的购买欲望，说是不再便宜就走人，其实只是吓唬吓唬导购，能找到自己满意的产品并不容易，而且又讨价还价了那么久，怎么可能那么轻易就放弃？这种情况下，导购更应该强调产品的价值所在，让顾客觉得以这个价格买了也不会亏；如果顾客实在坚持，导购也可以在允许

的范围内作出小小让步，但一定要让顾客觉得这个小让步已是非常非常艰难。

正确应对示范 1

导购：“小姐，现在市场都太透明，这个价格实在是没法再降了，再降我就只能自己掏腰包补差价了。咱们装修房子，最在意的就是产品的质量，这样一套整体家具，一用就是十几年甚至几十年，如果质量不好，没用多久就要这儿修修那儿补补的，不光费神麻烦，而且也会影响到家里的整体格局，生活品质都会下降。我们的产品……，买了一定不会让您有一丁点儿的后顾之忧。”

点评：摊出底牌，博取顾客的同理心；通过一定场景的设计，对产品价值的一再强调，也会帮助顾客下定最后购买的决心。

正确应对示范 2

导购：“女士，我很理解您的心情，我也非常想做成您这单生意。不过您说的这个折扣我实在是没办法做主。不然这样吧，您再稍坐一下，我马上打个电话跟我们老板请示一下，看能不能破个例。……女士，让您久等了。我问过我们老板了，八折确实给不了，成本再加上运费，八折的话我们真的是赔本赚吆喝了。不过，老板听说您特别中意这款产品，也了解到了您的诚意，特别准许从八八折降到八五折。您看，能争取的我都争取了，八五折真的已经是底线了……”

点评：一定要让顾客看到你十分甚至十二分的努力与让步，你的表情越为难，顾客的满足感就会来得越强烈。

情景 12：你们家的产品也不见得好到哪里去啊，怎么卖这么贵

错误应对

1. 贵，自然有贵的道理。

点评：用这种态度和语气来应对顾客，顾客不转身就走才怪。

2. 我们现在搞促销，有打折，您可以先随便看一下。

点评：这样的回答认同了顾客认为价位太高的观点，不利于销售的进行。

3. 您这种说法我还是第一次听说。

点评：容易让顾客感觉自己是不懂装懂，这种沟通会让顾客觉得很不舒服。

情景解析

大家在购买物品的过程中，或多或少都听商家评价商品品质好、性价比高。所以，许多顾客都把性价比称作选购商品的重要指标，通俗地说就是希望能买到物美价廉的东西。为了在价格谈判中占据主动，消费

者往往会用质量一般、价格太高来作为谈判砝码，要求商家降价。

俗话说“嫌货才是买货人”，顾客既嫌产品没好到哪里去，又抱怨价格过高，其实只是一种假象，他只是想用对这个那个的不满意来占据主动位置，要求卖家降价。遇到这种顾客的时候，我们一定不能逞一时口舌之快，用具有刺激性的语言去反驳顾客。很多时候，只是因为你随口的一句话会导致交易失败。我们应该纠正顾客的错误认识，从专业性的角度阐述产品的材料、制作工艺、品牌优势、售后服务等优点，让顾客体会到产品物有所值。

正确应对示范

导购：“呵呵，之前也有顾客提到过类似的问题。是呀，现在市面上的产品同质化越来越严重，不同品牌的产品乍看起来确实挺相似的，不过，只要稍微用点心看一下就能感觉到其实差别还是蛮大的。就像我们这款×××，五金件是……，它……；玻璃是……，它……；整体设计是……，它……。装修房子是件大事，买到质量好、服务好的产品，会省很多的心，这份省心可不是那么一点点的差价能买得到的，您觉得呢？”

点评：顾客一定是对产品感兴趣才会来指摘，抓住了这一点，导购就要尽可能地把产品的优点罗列出来，并引导顾客自己去体会产品的价值所在。

情景 13：买一件不打折也就算了，我买了这样多也不打折呀！那我一件也不买了

错误应对

1. 那您自己考虑吧。

点评：这种回答跟“爱买不买”是一个套路，只会让顾客甩手离去。

2. 这个价格确实已经很便宜了。

点评：这种回答显得太苍白，没有依据，无法取信于顾客。

3. 不要这样，您知道我们也很难做。

点评：顾客是来买东西的，不是来乐善好施的，这种示弱博同情的手段，只会给顾客留下“得了便宜还卖乖”的不良印象。

情景解析

虽然说“顾客就是上帝”，但是顾客提出的异议并不都是可以被接受的，作为导购，适当学会对顾客说“不”，往往可以获得顾客的尊重与理解。导购拒绝顾客一定要讲求方式与方法，千万不要让顾客有碰壁感，否则顾客一定会甩手离去。

在拒绝顾客前，我们可以首先对顾客的想法表示认同，然后再围绕产品的独特卖点、定价策略、售后服务等方面去解释，以取得顾客的认同与理解，最后，还可以适当地做些小让步，比如说送一个小礼物或者争取折扣的努力等等，只要顾客看到了你在为他争取利益最大化，心中的怨气就会慢慢消失。

正确应对示范 1

导购：“呵呵，如果我是您的话，我也希望商家给我多打点儿折扣。不过话说回来，买东西也是看缘分，您看中的这几款家具不光质量上乘，而且设计风格又让您十分喜欢，真的是很不容易呢。咱们装房子买家具，最重要的还是看产品的质量，质量不行的话，用起来也不舒心，即使价格再便宜，您一定也不会考虑，您说是吗？其实，这款产品最重要的还是（加上卖点和赞美），如果您不买真的很可惜！这样吧……”

点评：用产品的质量紧紧挽留住顾客的心，之后可以适当地以小赠品或者延长的售后服务来补偿，使顾客的内心得以平衡。

正确应对示范 2

导购：小姐，您的心情我完全可以理解，如果我是您的话，我也会认为多买就应该多得折扣。不过，这一点还要请您多包涵，您来过我们店里好几次了，肯定也清楚，我们的产品样样都是高品质，并且我们定价都是非常实在的，就是想让每一位顾客不用费那么多口舌就能拥有最好的产品，所以还要请您多理解和支持我的工作。不过，考虑到您的购买诚意，这样吧，我个人送您一套实用的厨具，您看成吗？”

点评：向顾客简要地介绍品牌的定价原则，让顾客知道没有折扣不等于没有得到实惠。最后，以个人名义奉送小礼物，既可以让顾客看到你的诚意，也可以让他的内心得以平衡。

正确应对示范 3

导购：“哎呀，这样真的太可惜了。因为这几款产品都特别适合您，少了哪一个都很可惜。这样吧，我尽力帮您申请看看，您先稍候（向老板申请，让顾客知道你在为他解决）……。小姐，实在非常抱歉，价格上我们确实没有办法啦，不过我们老板决定送您一个赠品，算是感谢您对我们店的支持，一份心意，还请您收下。”

点评：让顾客看到你是在尽力帮他争取利益最大化，即使最后没能争取到，顾客也更容易妥协。

情景 14：我们那儿可是新小区，现在很多人都在装修，你如果能算我便宜点儿，我一定会给你们做宣传的，到时候会有更多人来买，你们不就赚了嘛

错误应对

1. 不好意思，我们品牌从来不打折。

点评：只这冷冰冰的一句，就足以把顾客拒于千里之外。这真应了那句“你以为你是谁啊”，你不拿顾客当爷，顾客自然也没有理由死乞白赖地非得买你的产品不可。

2. 对不起，我没这个权力。

点评：你没权力？那岂不是找对人就能便宜了？！顾客一旦觉出了这样的意味，你一定会被撇在一边，可能的业绩就白白地送人了。

情景解析

物美价廉是每位顾客的心愿，为了实现它，顾客会不遗余力地找各种各样的说辞来跟导购讨价还价。顾客既然都说到这个份上了，说明他对你的产品本身还是非常认可的，只要你再让他得到更多的尊重，或者

在你的权责范围内能再作出一点点的让步，顾客就一定会高高兴兴地往外掏腰包了。

这其实就是临门一脚了。在这个时候，导购处理得好，得分；导购处理得不好，前功尽弃。“从来不打折”，听起来是够牛气的，但是却也足以把顾客的所有购买热情瞬间浇灭；“我没权力”，你没权力你可以去找人争取啊，说出这一句，顾客自然会帮你去做争取的这一步，但业绩也就只能算在别人头上去了。

正确应对示范 1

导购：“先生，先得谢谢您对我们产品的厚爱，您能帮我们做宣传我们自然是求之不得，您想啊，我们的产品装在您家里，这就是实景展示啊。您也知道，我们的产品原则上是不打折的，不过您来得正好，最近我们推出了一项团购的优惠政策，一次性购买 5 套以上的顾客，就可以享受不同程度的优惠，买得多，优惠幅度也就更大，最低可以拿到七五折呢。您看，这是我们的详细优惠政策。”

点评：多买多优惠，最低七五折的优惠，一下就调动起顾客的积极性。这样一来，不光给了顾客足够的价格空间，让他更认定了你的产品，还可能转介来更多的顾客，给你更多的利润空间。

正确应对示范 2

（顾客几天后再次光临）

顾客：“我这几天又找了两个想买你们产品的邻居，你看能不能也给我们打下折啊？”

导购：“欢迎您再次光临。原则上呢，我们一定要 5 套以上才有优惠的，不过您是我们的重要顾客，我也把您的情况告诉了我们老板，他也非常感谢您的厚爱，还特意嘱咐说，您要是再过来的话，即便没有凑够五个人也要给您打九折。”

点评：顾客再次光临，无论他是否达到了优惠的条件，都要适当给予价格上的让步。一是为了感谢他对自己品牌的忠诚，二是顾客的宣传让更多的人知道了你的品牌，这是对顾客付出的回报。

情景 15：你们广告不是说全场八折吗？原来都是骗人的

错误应对

1. 您看错了，我们是八折起，可不是全场八折，您看这边有个“起”字。

点评：那么小的一个字，顾客更觉得你们是在故意搞花样糊弄人。

2. 您来晚了，我们那个活动早结束了。

点评：顾客兴冲冲地来，你当头一瓢冷水，等于把责任全归到顾客身上。

情景解析

商家为了吸引顾客的眼球，在打折的广告上，× 折的字总是写得似山大，却又往往在角落里写个小的跟蚂蚁一样的“起”字。这是惯用的伎俩，但是还是会有顾客没有注意到那个小小的“起”字。

顾客发现自己想买的产品没有那么低的折扣，就会认为被愚弄了，心情一定不会好到哪里去。作为导购，一定要诚恳致歉，平复顾客心中的不满，然后想办法安抚，或转移顾客的注意力，或努力为顾客争取利益的最大化，而不是丁是丁卯是卯地指出“你看错了”，那样只会让顾客更为震怒。

正确应对示范 1

导购：“先生，真是不好意思，您说的那款壁纸刚好已经卖完了。不过，我觉得您可以看看这一款。这款壁纸跟您说的那款相比，采用了更高级的 ××× 技术，可以有 ×××× 的效果，而且现在也做活动，卖得也非常好，您真的可以考虑一下。”

点评：产品有很多，导购一定要及时把顾客的注意力转移到其他产品上去，并且要让顾客清楚地知晓你所推介的产品具备原来产品不具备的优点，让他觉得买你推荐的这款同样物有所值甚至物超所值。

正确应对示范 2

顾客：“先生，真的很抱歉，我们这次促销活动到前天为止已经结束了。不过，您能特意赶过来也真的是不容易，这样吧，我帮您申请个特别折扣价，总不能让您白跑了这一趟。您先坐一下。……让您久等了。我刚才跟老板说明了您的情况，老板同意给您打八五折，您看行吗？老板还特别请求您不要把这个优惠价格告诉其他人，因为这个价格真的已经是成本价了，而前几天的八折，就是为了做宣传，直接就是赔本赚吆喝。”

点评：面对顾客的这种质疑，导购首先应该诚恳致歉，这样才能多多少少地安抚顾客的愤愤情绪，才能让顾客感到自己起码还是被尊重的。同时，导购还要主动为顾客争取相对低的价格，让顾客感到你是在努力为他争取利益的最大化，从而获得顾客的认可。

情景16：我看你们这进口货也不比国产的好多少，怎么价格贵那么多

错误应对

1. 这是 × 国设计师的最新设计。

点评：顾客关心的是产品的质量，而不是谁设计了它。

2. 好货不便宜，自然是越贵的质量越好。

点评：顾客想知道的是你的产品到底好在哪里，这种泛泛的回答，等于没回答，也无法让顾客看到你对他的尊重。

情景解析

顾客买东西都希望既物美又价廉，不过这只是个最理想的状态，如果顾客发现想买的产品虽然不够便宜，但是却足够好时，一定愿意购买。这个让顾客发现的过程，就是导购努力的过程。

面对顾客的这种质疑，导购要做的就是要让顾客明确地知道进口产品与跟国产产品的区别，要从产品的设计、材质、工艺、质量保证、品牌文化、品味彰显度等等方面作出介绍。只要让顾客明白了产品的价值

所在，对相对高价格的认同就不再是个难题。

正确应对示范

导购：“先生，我非常理解您的想法。不过，选沙发的时候，我们不能只把价格放在第一位，我们更应该考虑沙发的长期使用性。我们一个顾客给他儿子买新婚家具的时候就把我们这个品牌放在了首选的位置，您知道是为什么吗？原来他以前买自己家用的沙发时，就和您现在的想法很像，觉得反正样式都差不多，就选了价格低一些的一个国产品牌，可是没想到的是，沙发用了才不到一年，就变形得非常严重，有的时候坐上去都会听到弹簧的声音。换掉吧，那也是花几千块买的，舍不得；不换吧，用着真的不称心。所以，去年给他儿子买沙发的时候，就认定了我们的品牌，而且也一直用得很满意，而且还又推荐了他的一个亲戚来订了一套。”

点评：例证是一个非常好的导购方法。有了这样一个成功的实例，顾客就能更容易地明白为什么要选择进口品牌的产品。

情景 17：明明已经给了最低价，顾客还是不满

错误应对

1. 这已经是最低价，买不买您自己定吧。

点评：你觉得是最低价，顾客可不一定这么觉得。而且，这种“爱买不买”的态度很容易给顾客留下被蔑视的感觉，从而产生不满。

2. 你这人怎么这么不干脆，我都说已经是最低价了。

点评：这样的话听起来像是在责怪顾客，让人很不舒服。

情景解析

议价成功就是达成买卖双方都同意的价格。总体而言，议价过程可以分为三个步骤，即引诱买方出价、吊价、让价成交。

（1）引诱买方出价

当你确定顾客已经产生了购买兴趣，并且产品能符合他的要求时，即可引诱买方出价。

（2）吊价

无论买方第一次出价多少，一定要加以拒绝。如果你在顾客第一次

出价就成交的话，顾客会认为不但你所报出的价格太虚假了，而且连他的出价都高了，否则你不会那么爽快就答应他的出价的。

买方第二次出价时，原则上仍应采取吊价策略。这更多的是一种心理策略，目的是为了让顾客觉得价格谈判并不容易，想要更低的价格是不可能的了。

至于是不是第三次吊价或予以成交，则要视具体情况而定。如果你能确定买方非常喜欢你的产品，而且不必再进行第三次吊价（顾客的出价已经在可以接受的范围之内了），即可在第二次吊价时，就考虑采取行动。

采用吊价策略的一个重要原因是：过于轻易地降价，即使已经是最低的价格了，也会让顾客觉得价格还是高了，从而让他对自己的出价感到后悔并继续压价。

（3）让价成交

当我们确定买方在极力争取价格，并且是非常喜欢或很急迫时，通常可以确定已经到达成交的边缘，只要给出适当的让价，顾客就会马上成交。那么，此时如果价格在我们可接受的范围之内，你可以给顾客适当的让价，以促使交易马上达成。

正确应对示范

导购：“王先生，您认为我们这套楼梯的价格太高，那您觉得多少钱合适呢？”

顾客：“×××××。”

导购：“王先生，你这可是拦腰砍啊。要知道，我们产品的价格是根据成本来制定的，这个价格真的是打死都没办法给的。”

顾客：“那我再加××××。这可是我所能承受的最高价了。”

导购：“王先生，说真的，我真的很想做成您这一单，可您说这个价格真的不行，要是硬给您了，要么我被炒鱿鱼，要么我得自己掏腰包补差价了。”

顾客：“哪能呀，这个价格可以啦。”

导购：“王先生，您就别让我为难了。这样吧，我帮您向经理申请看看，能否在我跟您那个价格的基础上再给您打个九八折。您觉得呢？如果可以的话，我马上就打电话。”

顾客：“九八折，行吧。”

导购：“王先生，那我们可要先说好了，如果我们经理能同意给您九八折，您今天就得马上下定金，至于货款的话，刚才也跟您介绍过，我们量完尺寸后先收95%，剩余的部分等您验收完了再来结。不然的话我又要被经理责怪了。”

顾客：“这个没问题。”

点评：讨价还价是个过程，能不能守得住价格确实是个技巧。顾客的降价要求是没有底线的，你痛快地答应了，反倒会让顾客觉得不痛快。讨价还价的过程中一定要让顾客看到你为难，让他觉得他真的是探底了。而最后让价成交之后，一定要记得提出一定的条件，比如支付定金等等。

情景18：顾客一还价就还得非常低，一看就是会杀价的

错误应对

1. 算了，这种顾客不接待也罢。

点评：挑顾客是挑不出好业绩的。在销售过程中会碰到各种各样的顾客，如果总是挑三拣四，估计没几个顾客是你愿意接待的。

2. 直接告诉他底价，爱买不买看他自己了。

点评：对于这类顾客，即使你给的是底价，他也会再三讨价还价的。

3. 和他慢慢磨，看谁磨得过谁。

点评：打持久战？这会浪费你的精力，从而更得不偿失。

情景解析

大家都清楚，顾客杀价已经成为销售活动中的一种常见现象，而且，随着市场的不断成熟，更有“砍价秘籍”“杀价全攻略”的文章横空出世，顾客的杀价技巧水平越来越高。

面对这种情况，我们该怎么办呢？正所谓“道高一尺魔高一丈”，这时候，对导购而言，最重要的就是要控制住顾客杀价的心理底线，通俗

来讲就是让顾客觉得价格没有太多的下降空间，即使用尽所有的杀价技巧也无济于事。

正确应对示范

导购：“先生，我非常理解您的想法。装房子买家居建材，谁不希望能买到质量好、有品位而又价格实惠的东西。可是，真的要同时满足这些条件的产品真的是微乎其微。这就好比宝马车不可能和国产车的价格一样。而家居建材产品关系到我们自己和家人的健康，品质一定是马虎不得的，多花费那么一点点就能换来一家人的健康和欢乐，真的太值了，您说呢？”

点评：只有抓住了顾客最关注的点，才能成功地抵御顾客杀价的强势火力，从而掌控局面。

情景 19：太贵了，我还是等等看吧，说不定会降价呢

错误应对

1. 这哪儿算贵呀。

点评：这样的回答，会让顾客觉得你的话里有鄙夷的成分存在，从而破坏了导购的气氛，使销售过程戛然而止。

2. 那你就等到降价的时候再来买吧。

点评：这是和顾客赌气，对处理异议于事无补，对促成交易更是没有任何帮助，只会引起顾客的不满。

情景解析

商家动不动就推出打折促销的活动，顾客买东西也学会了挑日子。明明是看中了产品，却盘算着过个十天半月就是国庆／元旦／春节／五一了，等等说不定能便宜很多。有这样想法的顾客比比皆是。

对于导购而言，当顾客提出这样的异议时，应以理解的心态去看待这个问题。但是，我们不能因为理解就放弃这个顾客，而应引导顾客，让顾客明白此时买是适宜的，买我们的产品是值得的。其实，顾客的消

费心理和消费行为是会相互影响的，否则就不会有“流行”和“主流”的说法了。为此，如果在说服顾客的时候，能举出一些有代表性的例子，那就可以影响顾客的决心。

正确应对示范 1

导购：“刘先生，您的心情我能理解，毕竟现在逢年过节的促销活动还是挺多的。但是，等待的过程中毕竟会存在很多的未知数。就像五一的时候，我一个顾客就来抱怨说，他四月中旬的时候看中了一款卫浴产品，打算五一促销的时候再买的，结果等到五一，竟然卖断货了，害他不得不重新挑式样，差点误了装修的工期。”

点评：讲述别人的小小遗憾，既可以使顾客及时地作出购买的决定，又可以让顾客在细微处体会到导购的良苦用心。

正确应对示例 2

导购：“林小姐，您真是个聪明的顾客，店家逢年过节大多都会有促销活动，如果能在那个时候买，确实能省下一笔。没关系，您看中的这几样产品可以先交一部分定金，等到做活动的时候如果有更低的折扣价，我们就按那个价格来走单。其实您大可放心，我们的产品一般都不会打多低的折扣的，我们对新老顾客都得有交代，您想想看，如果您头几天来买一个价，过一段再来看又是另一个价，嘴上不说心里也一定会不舒服的，您说是吧？”

点评：顾客不马上购买的理由可以有很多个，但只要导购能找到一个可以说服顾客的理由，顾客还是很有可能改变初衷的。先对顾客的想法表示理解，然后用顾客可以接受的语言，鼓励顾客先定下产品。真正好的产品，其价格都是相对平稳的，顾客只要能听进你的建议，就一定会在心里作出理性的权衡。

情景 20：谈了好久，顾客说“我还是感觉你们的价格太高了”

错误应对

1. 那我也没办法了，我给您的已经是最低价了。

点评：也许你说的是事实，可是这么说会动摇顾客的购买信心。

2. 这个价格还嫌高啊！

点评：这种回答是与顾客对抗的表现，它的潜台词就是“嫌贵了你就别买，我并没强迫你买”。只要顾客稍微有些不满，你的导购过程就不可能圆满。

情景解析

当顾客提出价格异议时，导购首先要明晰顾客的动机。顾客讨价还价的动机有很多，有的是对产品的价值把握不准，害怕买贵了吃亏；有的是购买能力真的有限，希望通过还价来弥补缺口，省一点儿是一点儿；而有的则是习惯性的压价。

摸清顾客还价动机的一个最简单的方法，就是通过开放式的提问，引导顾客说出对价格存有异议的原因。通过直接的、开放式的询问消除价格异议，这是一个明智的、大方的举动。对于那些自信满满而又意志坚定的顾客来说，坦然地说出心里的感受并不是一件困难的事情。

当顾客明示了原因之后，导购就要有针对性地予以解决。如果顾客是因为对产品的优点没有深入的了解，导购就应该对自己的阐述不周表示歉意，然后再作进一步的说明；如果顾客真的是支付能力有限，导购就应该用顾客可以接受的委婉方式，转向介绍一些更经济实惠的产品；而对于那些习惯性压价的顾客，则应该动之以情、晓之以理，让他们主动放弃无底线的讨价还价。

正确应对示范 1

导购："李先生，是我的不好，没能把产品的优势给您解释清楚。您看，我们的五金采用的是 ××× 工艺，保证永远不变色，而玻璃用的是 ×××，它……。光我说您可能也不会完全相信，您可以自己比较一下，这是价位稍低一点儿的一款，您可以对比着看一下。有句俗话说得好，'一分钱一分货'，两种不同价位的这么一对比，您就知道这一款贵一些也是贵得有道理的。"

点评：司马光的《资治通鉴》里说"由俭入奢易，由奢入俭难"，这个时候，顾客既然已经看中了产品的品质，那么相对低档一些的产品自然就无法入得顾客的法眼。导购用这样的方法，故意拿便宜一点儿的产品来给顾客作对比，顾客自然而然就会更倾向于自己已经看中的产品了。

正确应对示范 2

导购："李先生，您的眼光真的很独到，一下就看上了我们今年主推的这款 ×××。它用的是新型的材料和工艺，所以价格相对而言就贵了很多。不过，相同风格的我们这里还有好几款，您看这件，它……，从外观和功能而言，绝对不逊于刚才那款，但是价格却实惠得多。”

点评：准确地判断出顾客确实是对产品的价格本身无法接受时，明智的导购一定要委婉地将顾客的关注点转移到相对便宜的产品上去。一定要让顾客觉得你转而介绍的这款，只是价格更具优势，其他方面都能满足顾客对产品高品质的要求。

正确应对示范 3

导购：“李先生，跟您聊了一会儿了，也知道您是个实在人，所以我给您的也是实在价。您也知道我们的橱柜都是定制的，不光免费上门测量，还包安装。这种定制橱柜的好处您也很清楚，就是可着您家的尺寸来做，安装的时候保证不会破坏您墙壁、地板等等的美观，真的是既省事又超值的。您觉得呢？”

点评：导购一定要摸清顾客的真实心理，只有这样才不会被顾客牵着鼻子走。导购一定要敢于及时地破掉顾客的习惯性杀价，不能在跟顾客讨价还价的博弈中怯场，更不能随便而轻易地降价。

情景 21：在讨价还价过程中，顾客突然产生不满

错误应对

1. 觉得这顾客太难缠，选择放弃。

点评：轻易放弃不是一个优秀导购的正确做法。

2. 和顾客针锋相对，别欺人太甚，爱买不买。

点评：和顾客争吵，对于导购来说永远都会是吃亏的。

情景解析

对于导购而言，价格是一个极度敏感而又不得不面对的话题。如何在同顾客的周旋中保持清醒的头脑，合情合理地讨价还价，这是每个导购都应该解决的问题。

在讨价还价过程中，谈判双方很容易感情冲动，一不留心，就会演变成个人冲突，生意也因此而告吹。因此，在与顾客讨价还价的时候，导购必须保持心平气和的态度。“不给顾客面子，顾客就不给你票子”，虽说这只是大家的调侃，但确有它的道理。

当你跟顾客的讨价还价趋于崩盘时，请务必借鉴美国一家公司的经

营信条：

第一条：顾客永远是正确的；

第二条：如果顾客错了，请参照第一条。

也许有人不认同如此绝对的看法，但是它所表达出来的“维护顾客面子”的想法非常好。人人都爱面子，不论是谁，都不愿意花钱买不开心，所以，请记住，作为导购，千万不要做让顾客觉得丢面子的事。精明的谈判者，常常善于顾全双方的面子，有一种控制自我情绪的习惯，并能够对对方谈话中自相矛盾或过火的言谈表现出极大的忍耐性，并克制和谦虚地表示自己的意见，他们常用“据我了解”“我认为”“是否可以这样”等委婉的说法来阐述自己的真实意图。这种态度会使本来相对敌视、相互僵持的谈判变得气氛融洽。

正确应对示范

导购：“王女士，您是久经沙场的砍价高手，我真的是甘拜下风，真不知道有多少像我这样的小兵小将被您砍得片甲不留啊。看得出来，您是真心喜欢咱们这款产品，咱们买东西价格只是一个重要方面，但更重要的还是产品的性价比啊。刚才跟您聊了一会儿，我也知道您是个追求生活品质的人，您看这款产品，要模样有模样，要质量有质量，要档次有档次。而且您也看到了，我们真的是尽量在用吉利的价格为您提供保时捷的享受了。您说呢？”

点评：幽默的语言会让尴尬的局面趋向缓和，只有稳住了顾客的情绪，交易的过程才能得以继续。争锋相对、逞一时口舌之快，只能是既输了素质也输了生意。

第五章　成交要这么积极推进

情景 1：我先逛逛，考虑一下再决定吧

错误应对

1. 不用考虑了，这套真的很适合您。

点评：这样的应对语言过于强势，容易让顾客认为这是给他施加压力，从而产生逆反心理。

2. 这件在做促销，现在买很便宜。

点评：利用促销作引子，虽然能够激发顾客的购买欲望，但从另一方面来说，好像顾客买这件产品就是冲着打折来的。

3. 现在不买可能过会儿你再回来的时候就没有了。

点评：不仅是在给顾客施加立刻购买的压力，而且有“危言耸听”的成分存在，对于品牌的长期发展不利，顾客也不会喜欢这样的方式促成的购买。

情景解析

面对导购提出的成交请求，一些没法儿马上做决定的顾客常常会说：“我先逛逛，考虑一下再决定吧。”通常顾客说这句话的时候，并非不喜

欢这件产品，而是没有办法立刻做决定，简单来说就是对这件产品的喜欢程度还不够深。这时候，导购的技巧性说服就显得尤其重要。如果轻易放过这位 70% 会购买的顾客，那就是导购的失职了。

导购，从字面上讲，即引导顾客促成购买。顾客购买商品一般会考虑到很多方面，过多的顾虑往往会阻碍购买行为的迅速完成。而导购所要做的，就是解除消费者心理的种种疑虑，促成消费行为。

顾客既然肯在这款产品上花时间，肯听导购的长篇推介，就说明产品的某个方面对顾客是有吸引力的，或者是款式，或者是色彩，亦或者是让顾客联想到了什么；但是顾客最后却表示要“考虑一下”，则说明一定是哪个方面的顾虑阻碍了顾客的购买决定，或者是服务不够满意，或者只是因为没有那么高的预算，等等。作为导购，该如何获知顾客的顾虑点呢？毫无目的的询问，会有失唐突；有针对性的提问才能让顾客感知到导购的用心。那么，怎样才能做到有针对性地提问呢？这就要求导购在顾客进店后注意察言观色，只有将顾客的一些小动作、小表情全都看在眼里，才能判断顾客大概是因为哪个原因而有所迟疑，跟顾客作进一步沟通时，才能更有效、更顺畅。

正确应对示范 1

导购：“我感觉您还是挺喜欢这张实木大床的，而且您可能也注意到了，床体这个部分的倾斜设计，更是充分考虑到了像您这样初为人母的年轻妈妈们担心宝宝掉下床的心情。您是觉得哪里不太满意吗？”

点评：导购一定要对顾客的每一句话、每一次举手投足都予以充分的重视。通过观察、分析，再次提醒顾客这款产品是多么适合他，然后再询问顾客不能马上购买的原因，这样顾客更容易说出自己的心里话。

正确应对示范 2

导购：“小姐，您稍等下，我们正在做店庆活动，特地为每位进店的顾客准备了一份小礼物，您看，这只不锈钢保温杯送给您。……您对刚才的产品不是很满意是吗？我看您的眼光非常独特，不知道您家的装修采用的是哪种风格呢？哦，原来是刚才那款的颜色跟您家的整体色彩不搭，是吗？这就是我的失职了，我没能让您及时了解到我们这款产品其实还有好几个颜色。而且，如果顾客您有什么特别的色彩要求的话，我们工厂也是可以提供定制服务的。您看这是图册。”

点评：先用小礼物留住顾客，再作进一步的了解，让顾客说出阻碍自己购买的具体原因。顾客能够多留在店里一分钟，你有多了一分钟的时间来了解他的想法，来引导和满足他的需求。

正确应对示范 3

导购：“小姐，您今天来得真是时候，因为今天刚好是我们商场的周年庆，所有商品都打折，明天就恢复原价了。过了今天，如果您还想要有今天这样的价格，恐怕得等我们明年这个时候的周年庆了。”

点评：这是“机会不再法”，就是通过告知顾客“过了这个村就没有这个店”，以达到刺激顾客购买的目的。这种方法的运用一定要注意对象的选择，它多用在那些即使喜欢也会说“再看看”的顾客身上。他们害怕吃亏，或是之前吃亏吃多了、害怕了，总是前怕狼后怕虎，觉得货比三家不吃亏。很多时候，只要能挑到好货，他们情愿跑断腿，可是事实上，他们又总是挑出次品来，因为他们的疑心太重。

情景2：我回去和我老公商量一下再说吧

错误应对

1. 好啊，你们商量好了再来吧。

点评：不管顾客是不是真的要和家人商量商量，如此放任顾客自行去决定，很有可能会失去一次交易机会。

2. 好产品不等人的，等商量好了就不一定买得到了。

点评：话是没错，可能顾客商量好了决定要买了，产品已经被别人买走了。但如此直白的逼订，顾客却不一定会相信你。有些顾客甚至会认为你如此着急让他决定，是不是中间有什么猫腻，从而会更小心谨慎，拖延决策的时间。

3. 这么好的产品，我相信买回去您的家人一定也会喜欢的。

点评：缺乏客观依据，难以得到顾客的认同。

情景解析

当顾客提出要和老公（家人）商量商量再做决定时，通常会有以下几种可能：一是以此为挡箭牌，好拖延时间再作打算；二是重视家人的感受，真的是想参考家庭成员的意见；三是可能该顾客在家里没有财政权，需要征求意见。

面对这种状况，导购首先要考虑顾客这么做的理由，并要对顾客的做法表示理解，再通过询问或者其他方式了解顾客的真实想法和原因。能够直接说服顾客作出购买决定是最好不过的，如果顾客确实坚持要和老公（家人）商量后再做决定，那么导购也不要强留顾客，而要给顾客留下一个好印象，否则，不但今天没机会，日后也一样没有机会。

正确应对示范

导购：“大姐，看得出来，您非常喜欢这套沙发，而且我也觉得这套沙发应该很适合您所描述的您家的装修风格。您说要和老公商量一下，我能理解，像沙发这种大件家具，一用就是很长时间，如果家人不喜欢，也确实是个大问题。只是我担心自己是不是有哪些方面解释得不清楚，在这一行我还是个新人，所以想请教您一下，您不能马上决定、打算再商量一下的主要原因是什么呢？是款式、颜色还是……？”

点评：看你没有强卖的意思，顾客一般会说出他们的疑虑，导购应就此作出解释，以打消顾客的疑虑，引导成交。

情景 3：陪伴购买的人左右了顾客的决定

错误应对

1. 不会啊，我觉得挺好的。

点评：这样的话没有足够的说服力，出于关系的不同，顾客肯定更乐意相信他的同伴。

2. 怎么会不好看呢，很有特色啊！

点评：同样没有说服力，不能消除顾客的疑虑。

3. 不管别人怎么看，你自己认为好就是好。

点评：首先，这样的话会让顾客的同伴产生不满。此外，顾客不会不理会同伴是怎么看的，否则他们就不会结伴前来了。

4. 你还是让他自己决定吧！

点评：这等于是在责怪顾客同伴“多嘴”，容易招致不满。

情景解析

导购，虽然是以销售为目的，但是其工作是否能顺利进行，其实是看他能否与顾客进行积极有效的交流和沟通。当几位顾客结伴进店时，导购对待他们的态度一定不能厚此薄彼，不能因为其中一个要买产品就忽视其他人的存在，要知道，既然是结伴而来，就说明他们还是很看重同伴给出的评价的，得罪了任何一个，导购就不可能再顺利进行。

那么，是不是陪伴者越多，销售的阻力也就越大呢？其实不然。

首先，恭维结伴的顾客其实要比恭维单独的顾客更有成效，这是因为，与同伴在一起时，人的虚荣心会更强。站在顾客的角度上来看，导购为了达到销售目的，发表的看法和意见或多或少会有夸大的成分，陪伴者的看法可信度更高。对于导购而言，当顾客一进店，先不论谁是顾客谁是陪伴者，一律热情接待，再迅速判断哪位才是需要重点观察的对象。在销售过程中应时不时将目光转向陪伴者，这是一种尊重也是一份重视。此外，还可以在适当时候征询陪伴者的看法和建议。这些小小的细节都可能会增加销售的成功率。

其次，适当的用词可以把陪伴者拉到自己的阵营，一同说服顾客作出购买的决定。陪伴者的意见对顾客最后的购买决策有着非常大的影响，导购与陪伴者共同的肯定更能促使顾客作出购买的决定。当陪伴者为顾客挑选产品，你也觉得不错的情况下，就应当不吝赞美之词，夸奖他眼光的独到。当顾客自己挑选了产品并且表现得很喜欢的情况下，可顺着顾客的心思突出介绍这件产品的特色之处，如果不是相差甚远，再加上先前你给予的尊重，陪伴者一般不会否认你的说法。在导购和陪伴者的双重“压力”下，购买就变为可能。

正确应对示范 1

导购：“这位先生，看得出您有很丰富的装修方面的经验和知识，而且您对朋友也非常用心，能有您这样的一位朋友陪着一起买东西，真让人羡慕啊。你们是朋友，您肯定更了解他的装修装饰思路，能不能说出来参考一下呢，相信咱们一起，一定能找到最适合他的产品。”

点评：把同伴一起拉到销售活动中来，对方参与了，不同意见也就少了。

正确应对示范 2

导购："您能有这么好的朋友当参谋陪着买家居产品，真羡慕！您看，他的眼光真的很独到，他帮您看中的这款 ×××，……（优点、特色介绍）。您觉得呢？"

点评：对同伴的赞美，会让他更愿意认同你的介绍。

正确应对示范 3

导购（对陪同者）："这位先生，您一看就是装修方面的行家，厉害。我们一起帮助您的朋友挑选一套真正适合他的家具，好吗？

导购（对顾客）："刘先生，您的朋友对买 ×× 挺内行，并且也很用心，难怪您会带上他一起来买呢！"

顾客："那是，他以前还做过装修呢。"

导购："这就难怪了，有这样的朋友帮您出谋划策，您的新家一定会很漂亮的。"（转向陪同者）"请问这位先生，还有哪个地方您感觉不合适呢？您可以告诉我，我们一起来给您的朋友提建议，帮助他找到一套更适合他家风格的款式，您觉得好吗？"

点评：不要让与顾客关联的人或者说与销售活动关联的人成为你销售活动的障碍。对此，一个最好的办法就是，赞美他，获取他的好感；然后，把他拉入到销售活动中来，让他成为你在此次销售活动中的"朋友"，而不是"敌人"。

情景 4：顾客明明已经有了购买兴趣，但却还是犹豫不决

错误应对

1. 不着急，既然已经动心了，肯定会买的。

点评：这样消极等待，通常的结果就是不能成交。即使最后成交了，可能也多浪费了你不少精力，从而影响了你的业绩。

2. 苦苦逼订。

点评：逼订是必须的，但不讲究方式方法的苦苦逼订，只会适得其反，反而让顾客更小心谨慎，不敢早做出决定。

情景解析

试想一下，看到一个中意的姑娘，如果你不向她求婚，她会嫁给你吗？没有求婚就没有结婚。同样，不采取主动，不积极建议顾客购买，顾客可能就会一走了之，即使她对你的产品是那么的感兴趣。很多时候，成交与否其实就像男女关系一样，只是隔着一层薄膜，但如果没有人主动去捅破它，那么这层隔膜就会把双方永远隔绝开来。

相信很多导购都碰到过这种情况。他们在和顾客沟通的过程中每

一个环节都做得很好，顾客也被中意的产品与导购的精彩推介打动了，可是最后顾客还是空手走出店门，其原因就在于他们不敢或不愿意主动向顾客提出成交要求，而是在苦苦等待顾客说出“小姐，买单！”这样的话语，最终，机会离他们远去了。如果在这个时候，他们能够前进一步，能够再接再厉，能够有礼貌地对顾客说“我给您开单吧”，那么，此次销售将获得令人满意的结果。记住：我们不能被动地等候顾客说购买，而是要主动建议顾客购买。只有这样，成交的希望才能更大。

不可否认，有些导购是有主动建议购买的意识，可是结果同样不能让人满意。为什么？其中一个主要的原因就在于他们没有掌握主动建议购买的技巧，采用了一些错误或不规范的建议购买的做法，给顾客造成了压力，从而引起顾客的反感。

提醒顾客需求

顾客购买的出发点是他有需求，而且你的产品能满足他的需求。有时候，顾客虽然已经表现出了一定的购买意向，但是他们可能仍然还有些犹豫。这时，你应该委婉地提醒其对产品的需求。

要记住，在提醒顾客需求的时候，导购要抓住顾客最关心的问题，这样才能达到事半功倍的效果。

增强顾客信心

在销售的最后时刻，顾客通常需要你帮助他下定购买决心。在这关键时刻，你必须让顾客充分了解这种产品能为他们带来什么利益，最好能够强化顾客特别满意的产品的优势，以增强顾客的购买信心。

要记住，优点并不等于利益，关键是要把产品的利益与顾客的需求相结合，让顾客相信此次购买行为是非常明智的决定。

巧妙地试探询问

建议顾客购买最好不要采取赤裸裸的形式，避免用那些诸如“我们去交钱吧”之类的令顾客比较敏感的商业性语言去催促顾客成交。因为这些做法很可能会引起顾客的不满，很可能会使最终结果与你的交易目的背道而驰。

“试探”是一个比较合理的建议顾客购买的方式，它能让顾客更容易接受你的建议。只要你认为顾客对某一件家具已经产生兴趣，你便可以试探性地建议成交。如果顾客还没有决定要买，他是会明确告诉你的，这样可以使你不至于错失良机。

正确应对示范

导购：“小姐，这款卫浴的材质非常好，款式方面也跟您家的装修风格完全吻合，而且我也感觉的到您也是很喜欢的。肯定是我的介绍不够到位，才让您犯犹豫了吧？所以能不能请教您一下，您现在主要考虑的是……？”

点评：能让顾客多停留一分钟你就有多一分钟的希望；顾客说出自己的真正顾虑，导购才能够对症下药，及时地调整自己的导购策略。

情景 5：顾客认为产品功能太多了，没必要买这么好的

错误应对

1. 没关系，那我给您挑件便宜的 / 普通的。

点评：首先，顾客并不是说不想要好的产品，也不是买不起，顾客之所以说“没必要买这么好的”，有可能只是顾客想要更多优惠的一种策略。就算顾客确实想要买便宜点的或者说普通点的，导购用如此直白的语言表达，也是非常不给顾客面子的，不给顾客面子的结果就是顾客不给你票子。

2. 这算什么呀，那边还有更好的呢。

点评：毫无疑问，这样的回答透出一种傲气。如今很多知名品牌的导购会给顾客居高临下的感觉，经常在无意中把顾客赶跑，这样的结果就只能是一个平平的业绩。

情景解析

同是淋浴房，便宜的几百块，贵的却要数万块。对于很多的顾客而言，如果你要让他说出二者的区别，那答案很可能只是“除了价格，看不出

什么区别”。终端销售之所以需要导购，就是要通过沟通，让顾客明白几百块的淋浴房和几万块的淋浴房的区别在哪里。

作为导购，首先要明白我们不仅仅是在卖产品，最重要的是在“卖好处”。现在人们的生活节奏都非常快，顾客真正关心的是你的产品能够给他带来哪些利益，抓住利益就相当于抓住了顾客的心。顾客认为没必要花这么多钱买这件产品，那是因为他还没有认识到这件产品的众多功能能够带给他的“好处”。这个时候就需要导购循序渐进地告诉他，这些功能只是顾客之前没使用过而已，真正用起来会给顾客带来诸多的便利，而这么好的产品才卖这样的价格已经是很实惠了。

顾客都希望挑选物美价廉的产品，他们觉得看中的产品好，说明这个产品已经满足了他的要求，但又提出虽然好，但没有必要买这么好的，说明他对看中的产品还有其他想法。顾客之所以提出没有必要买这么好的产品，可能有两个原因，一是作为讨价还价的一个借口。对于这种情况，导购应该顺着顾客的思路进行说明，功能这么全、这么好的产品才卖这个价格已经很实惠了，然后强调产品的这些新功能的优点以及能够带给顾客的利益，让顾客强烈意识到自己对产品的需求。二是顾客的真实想法，也就是说，顾客没有购买这么好的产品的预算。针对这种情况，顾客确实没有预算，就没必要非撞南墙不可，可以转向介绍价格符合其要求的产品，但是一定要注意措词，千万不能让顾客觉得你是在瞧不起他。

正确应对示范 1

导购：“小姐，您真是很有眼光，这款 ×× 产品是我们今年新推出的款式，功能也更全，质量也更好。同等质量的，市面上的产品价格都不会低于 ×××× 元。不过您来得早不如来得巧，今天是我们周年庆活动的最后一天，您看，这么好的一款产品现在只要 ×××× 元就可以搬回家，真的是太划算了。而且每天下单的头 10 名顾客我们还会随产品附赠一台×××，单买也要300多呢。我帮您看一下，啊，这还没到中午，名额就还剩最后2个了。我现在就帮你开单，请问您的送货地址是？”

点评：先夸赞顾客的眼光，同时再次强调该产品的性价比，以激发顾客的兴趣；接着，借促销活动的时限，营造紧张的气氛，帮助顾客迅速作出购买的决定。

正确应对示范 2

导购：“先生，这款产品的功能确实挺多的，但是因为性价比非常高，一直占据我们销量榜的头三甲。×××也算是大件耐用产品，装上之后，短时间内也不太可能再考虑更新换代什么的，所以一定要买性能好一些的。而且，有些功能您可能觉得用不上，但是没准您太太或者您的家人会用到呢。您看，……（产品的独特之处）。有些功能可能只是因为之前您没怎么接触过，说不定用过就会觉得有它更方便呢。”

点评：武侠小说里经常会提到“移魂大法”，导购不妨借来一用：通过与顾客的沟通，用多种方式去增强感染力，让顾客对产品产生兴趣，对导购的话产生认同感，从而在不知不觉中进入导购所设计的销售流程与模式之中。

正确应对示范 3

导购：（通过沟通得知顾客经济能力一般）“嗯，是的，大姐，那么多功能用不上实在也是种浪费，来，我给您介绍几款经济实惠的，保证您满意。”

点评：顾客确实没有这个预算，就没有必要过分推销，而应适时地转向推介其他更符合顾客需求的产品。

情景6：顾客左挑右选了好几款窗帘，就是不知该定哪一款

错误应对

1. 小姐，您到底想要买哪一款啊？

点评：很明显，这样的话语透露着不耐烦的意思，顾客听了会不舒服。

2. 这一款不就挺好的吗？

点评：有点替顾客做主的意思。

3. 小姐，您要不要再看看别的款式，我觉得也挺不错的。

点评：这是在给自己找麻烦，顾客对眼前的几款已经左右为难了，你却还推介其他款，顾客就更难选择了。

情景解析

当顾客在几款产品之间犹豫不决、不知道该做何选择时，导购要学会引导顾客做决定。你的时间是有限的，对于一些缺乏主见、犹豫不决的顾客，你不能让他无止境地犹豫下去。适当的时候，你应给予积极的引导，帮助他下定决心。

在引导顾客时，导购不能表现出“越权”。要知道，顾客才是真正

的购买者，决定权在他们，而不在于我们导购，我们只有建议权。因此，为了消除顾客的警戒心理，导购最好使用较为委婉的语言，比如“我觉得……”“我认为……”，这样会让顾客觉得你只是在说出自己的看法，而不是在强迫他作出某种决定。

有些时候，顾客也会请你帮忙挑选商品。这时候，你要愉快地接受顾客的请求，尽心尽力地为其当好参谋，根据顾客的要求和商品的实际情况，大胆果断地帮其挑选，千万不要觉得不好意思。要知道，顾客请你帮忙挑选就是一种信任，你应抓住顾客的这一心理，将其对你的信任转移到商品上来。

需要注意的是，在帮顾客做决定时，不能替顾客承担决策责任。不要说“我包您满意”“相信我一定没错”这样绝对化的言语。否则，万一顾客在你的劝说之下买了，但在使用中却觉得不好，他就会把责任推到你身上，认为是你故意骗了他。

正确应对示范

顾客：“你觉得我该选哪款呢？”

导购：“小姐，您的眼光真不错，看中的都是我们店里的精品。我觉得这款更好一点，刚才您说您的客厅不是很大，这款看上去简约却很大气，可以有视觉上的纵深感。”

顾客：“嗯，有道理，那就听你的。”

点评：适当的赞赏会让你之后的建议更容易被顾客接纳。而为顾客建议时，要用“我建议……”“我觉得……”“如果我是您的话……”，以一种建议的口吻去帮助顾客作决定。

情景 7：顾客看中的已是店里的最后一套产品，而库房里已经没有新的，顾客对此不满意

错误应对

1. 只剩这一套了，您不要我就没有办法了。

点评：这么冷淡的应对会让顾客有碰壁感，这是直接将顾客推到门外的愚蠢回答。

2. 这款只有这一套了，要不您看看其他的款式吧。

点评：顾客看中的是这一款，你却轻易地建议他转向其他款，最终的结果就是顾客会怀疑看中的这最后一套有问题，而其他的顾客又看不中。

3. 如果有新的，我一定给您，确实没有了。

点评：顾客是因为没有挑选的余地而心生顾虑，而你却在强调这套是新的，驴唇不对马嘴。

4. 这款也是新的，是我们刚摆上的。

点评：跟上一种回答一样，无法让顾客释怀。

情景解析

人就是这么奇怪的一种动物，当他满世界地找自己心仪之物的时候，他嫌麻烦，怕挑花了眼；等到找到了，却发现是最后一件的时候，又开始纠结：都没得挑了，会不会有问题呢？

这其实是一种非常常见的购物心理，总结起来就是：没有选择，就没有满意。

作为导购，总会遇到“最后一件”，这个时候就要看你的功力了。有的导购会选择退让，给顾客打折或者其他；而优秀的导购却能做到“最后一件商品不降价”。我们来一起看一下优秀导购是怎样做到这一点的：

这是几年前我在A市一家商场打工时经历的一件事。当时商场有一台质量完好的“美的”牌排气扇（厨房用），由于是最后一台，商场又不再经销该种产品，故准备降价处理。我上班后有同事告诉我，我建议先不急着降价。

没过两天，一位50来岁的先生在商场转了一圈，最后停留在排气扇旁看看、摸摸。一位女同事和他谈了一下就招呼我过去，我意识到机会来了。

（我观来者，举止文雅、稳重，便以稳的方法来和他交谈。）

我走过去，笑着轻声问：“您想买厨房用品？”

（明知其欲买排气扇，却说“厨房用品”，给他一个较大的回话空间，既是为了让他自己说买排气扇而强化其购买意图，又轻松一下气氛。）

“嗯。”那位先生也微笑着点点头，停了一下又问：“这种排气扇怎么样？”

“还可以。”我接着又说：“好像现在大家更喜欢抽油烟机，您要不要看一看？”

（这实际是欲擒故纵，当顾客有意于一种商品而推荐另一种，会造成其轻微的逆反心理而强化其购买意图。但若处理不当，就会出现严重的心理对抗而使其不愿购买任何商品。）

“哦，我知道。”顾客一边说着一边继续看，还用手敲了敲。

（很明显，顾客对其他商品没兴趣，这时应采取主动了。）

“我们帮您试一下这台排气扇。”我热情地对他说着，却丝毫没动。

（此时要引导顾客，但不能让其感到压力，决不可在此时热情过度而吓跑了顾客。）

“不用。”那位先生摇摇头，过了一下又问：“还会进货来吗？”

（这才是顾客心理障碍所在。不愿接受别人挑剩的东西，这是人们普遍的心理。）

“我们现在正销售抽油烟机，这种产品今后一般不再经销。不过，您可以试试，没有问题。”

（到这时，只能针锋相对了。一方面说商场因转销更高档产品不会再进货，这一台只能是最后一台，使其断绝再等待的念头；另一方面又强调质量没问题，无须担心。这时遮遮掩掩只会适得其反。）

“啊，我知道，只是……”那位先生犹豫地说着却没动，只盯着排气扇。

（很明显，顾客正在做最后考虑，我意识到若不能语出惊人动其心，成功只有待下回。）

我微笑着对他说，语气却很随便：“排气扇结构都很简单、耐用，很少听说出毛病。何况‘美的’还是名牌呢。”

（这里，我坚持强调排气扇质量没问题，而不是这一件没问题，以弱化顾客对“这一件”的关心。同时，闭口不谈“三包”之类的话，因为这已是常识，在这时谈论，反而会强化顾客对质量的关心。况且，即使有“三十包”，如有质量问题，顾客也要花时间、精力，没有谁会愿意的。）

那位先生听了后点点头，又犹豫了一下，终于说：“试一试，没问题就开张发票。”

10分钟不到，商品便卖出去了。

这次成功在于把握住了顾客心理，选择了正确的战术：首先没让顾客感到我们有意把挑剩的商品推销给他；其次坚持产品质量可靠，不使其过分疑虑产品的质量。

正确应对示范

导购：“林先生，是这样的，我们这个品牌做的是精品路线，同款产品的量都不会太大，每款产品到货后都销得非常快。刚刚您看的这款，确实只有这一套了，您要是再晚来一步，可能连看都看不到，可以说这也是种缘分呢。而且，这一套是我们早上刚刚陈列出来的，所以您完全可以放心地购买。林先生，您房子是在岛内还是岛外？我们傍晚就可以安排送货了。”

点评：给顾客营造出一种好货不等人的紧张氛围，在最后时刻推顾客一把，促进交易的顺利进行。

第六章　投诉要这么应对

情景 1：顾客情绪十分激动，一进门就大声嚷嚷

错误应对

1. 不当回事，也没有立刻采取应对措施，或者只是敷衍了事。

点评：这种做法会令顾客觉得自己不被重视和尊重，致使其怒火有增无减，因而引发更大的矛盾，令场面变得更难收拾。

2. 在门店直接处理问题。

点评：对待顾客投诉的问题，尤其是对那些情绪容易激动、容易造成较大动静的顾客，应该单独安排空间接待，以免影响门店中的其他顾客以及其他同事的日常工作。

3. 强硬要求顾客保持冷静，语气或态度粗暴，甚至与其争执。

点评：这种以暴制暴的处理方式只能将当前的矛盾进一步激化，对解决问题有害无利，甚至有可能令事态扩大化。

情景解析

如今的房价这么高，往往合几代之力才能买下一套心仪的房产，如果建材家居出了问题，顾客必定会立马寻上门来，并且大都因为心急而

导致情绪不稳定或者暴躁。有些顾客甚至会急冲冲进门来就大声质问，动静不小，极有可能引来其他顾客的驻足甚至围观。当出现这种情况时，导购应该如何处理才妥当呢？

鉴于此类顾客情绪较为激动，若在开放的门店环境中直接处理问题，势必会对公司或者品牌形象造成不利的影响，还会妨碍其他同事日常办公。为顾客提供单独的接待空间，不仅阻止了问题解决前不利信息的对外扩散，也会使顾客觉得自己受到了重视，且得到了应有的尊重。顾客刚进门或者刚要开始阐述问题时，情绪波动必然是比较大的，言语也会比较激烈，导购一定要给顾客一段情绪的缓冲和过渡时间，并对此给予理解，避免与顾客发生冲突。

待顾客情绪较为稳定后，导购要耐心地聆听顾客整个描述，不仅要注意顾客表达的内容，还要注意顾客的语气和神情变化等，以进一步掌握情况。在听取顾客表述的过程中，应及时记录下要点，以准确把握处理重心。了解情况之后，要按自己的理解整理信息并向顾客复述，确定是否一致，同时这也是在展示对顾客的尊重以及想要解决问题的诚意。在采取任何处理措施之前，导购良好的处理态度是基本，无论前来投诉的顾客友善与否，都要笑脸相迎、礼貌对待。

正确应对示范 1

顾客：“你们这群骗子，什么纯实木啊，家具我不要了，把钱还给我！”（言辞激烈，情绪冲动）

导购：“王先生，您先别急，有什么问题我立刻为您解决，这边请，先喝杯茶。”（引至会客室）

导购：“请先喝杯茶，有什么事慢慢说。”

顾客：“慢慢说？气都气死了。”（情绪稍微缓和了一点儿）

导购：“请问是哪方面出了问题呢？”

顾客：“（投诉具体的问题……）”

导购：“您的心情我能理解，换作是我，说不定比您还紧张呢。但是……”

点评：冲动是一种心理现象，来得快，持续时间短，但是有时候破坏能力却不容小觑。怒气冲冲的顾客冲进来，作为导购一定要用温和的态度、相对独立的空间给他以缓冲，等到顾客情绪稍微平复了，先对顾客表述的问题表示理解、认同，再分析原因，这样才能以柔克刚，使事情得到完满的解决。

正确应对示范 2

顾客：“叫你们负责人出来，你们到底是怎么做事的！”

导购：“先生，您先别生气，有什么问题我们一定会为您解决的，您这边请，先坐下再说。”

顾客：“让开，叫你们负责人快点出来，出了事就不管了是吧？！”

导购：“对不起，您先冷静一下，有什么问题告诉我们，等我们调查清楚之后一定给您好好处理。我们经理暂时有事外出了，您先到会客室休息一下，喝杯茶，我现在就通知他回来。”

（适当拖延，让顾客先冷静一段时间）

顾客：“那行。”

（告知经理）

导购：“我们经理在赶回来的路上，大概 15 分钟之后就到了。您可不可以先告诉我发生什么事了吗？”（询问事情原委）

顾客：“（投诉具体的问题……）”

点评：时间具有冲淡一切的神奇魔力。面对怒气冲冲的顾客，即便按照顾客所说，负责人马上出现在他眼前，对事情的解决也不会有太大的帮助，这时一定要想方设法地拖延时间，时间可以让顾客的冲动归于理性，事情的原委也才能够更为清楚、客观地呈现出来。

情景 2：你们送货太慢了，耽误了我工期，你得给我退货

错误应对

1. 那我没办法，工厂还没给我们运过来。

点评：踢皮球的做法只会令顾客火上浇油。

2. 这是售后安装的事，我也不知道啊。

点评：不管你公司的内部职能是如何划分的，导购就是向顾客开启的唯一一扇窗，你应该主动协调各个部门工作，而不是推诿。

情景解析

投诉是可怕的，根据美国白宫对美国消费者的调查统计，当投诉得不到有效解决时，81% 的顾客将不会再回来了。但与此同时，处理顾客投诉是建立顾客忠诚的最好契机。当然，这一切都取决于——作为导购，你将如何处理来自顾客的投诉。

不论是哪种原因引起的投诉，作为专业的导购，首先要做的是了解清楚具体情况，认真地倾听顾客投诉，真正了解顾客的问题。其次是认同顾客的感受，平息顾客的怒气，然后立即响应，快速地给出解决的方案，

给顾客一个满意的答案。拖延处理或者随意应付了事，只会让顾客的抱怨越来越强烈，让顾客感到自己没有受到应有的重视。

有一点需要注意，顾客在投诉时，总是情绪激动，甚至可能言辞激烈。导购一定要保持冷静，克制自己的情绪，切不可与顾客发生争吵。否则，只会扩大事态，让顾客失望地离去。有时候，顾客的投诉可能是由于顾客自身的原因。在这种情况下，很多导购通常会因此对这些顾客产生偏见，在内心默默地骂着一些难听的话，比如蠢货、傻瓜、笨蛋、讨厌……一旦给顾客贴上这样的标签，毫无疑问，你就会在心中对顾客形成一种负面评价，并且无论你怎么克制，你都容易在言语之中表示出对顾客的不满，甚至形成对立的局面。这样，你就会变得容易发怒、容易失去理智，甚至与顾客争吵。在这种时候，你和顾客已经不是在解决问题，而是两个失去理智的疯子在吵架。最后，即使你赢了，看着顾客愤怒地走了——你为“打”跑了他而感到痛快，但是，当他永远地离开了你并且到你的竞争对手那儿去寻找需要时，你就会更加愤怒，甚至痛苦！

正确应对示范 1

导购：“李姐，我完全理解您的心情，耽误了您的事儿，的确非常抱歉。您选的这款产品真的是性价比非常高，特别畅销，所以工厂那边也一直是供不应求。不过您放心，我早上的时候刚跟工厂通过电话，产品已经在路上了，明天傍晚最迟后天中午就到了。货一到，我马上督促我们工人给您送过去。请您理解一下，谢谢您了！

点评：对顾客的心情表示理解，急顾客所急，才能得到顾客的谅解。

正确应对示范 2

导购：“给您带来了不便，的确非常抱歉。不过您放心，早上工厂过来的最新消息是货已经在路上了，两天左右就能到了。您也清楚，您下了单之后把厨房的墙又往外移了5公分，您虽然第一时间通知了我们，但可别小看了这5公分，咱们所有的数据都得重新测量，工厂的图纸也都得重新画，所以多少耽搁了一些时间，还请您理解一下。货一到，马上送过去给您安装，麻烦您再耐心等一下。”

点评：真诚的态度会让一切不满靠边站，不管问题的根源出在哪一方，处理好了才能使整个销售过程更和谐。

情景 3：顾客投诉的问题不存在，根本是在无理取闹

错误应对

1. 我们调查过了，这不是我们的问题，我们没办法处理。

点评：表面看来这种说法中规中矩，没有错漏，但即使问题不存在，也不能让顾客觉得你以一副无关痛痒的态度来处理他的投诉，这样不利于顾客关系的维护。

2. 这种情况我也没办法，这不是我们的问题。

点评：即使如此，面对顾客仍需要应有的尊重，不能让顾客觉得你一副事不关己、急于推脱的样子，这样也有损门店以及品牌的形象。

3. 您这人怎么这么不讲道理呢，根本是在无理取闹。

点评：用这种无力的言辞去指责和辱骂顾客，是非常不尊重顾客的表现，也是非常不负责任的做法。这样非常容易引起顾客的不满情绪，甚至引起争执，使后果更加严重。

情景解析

俗话说，“林子大了什么鸟都有”。人也一样，导购每天面对形形色

色的顾客，素质有高有低。有些顾客理直气壮地前来投诉，经过调查后发现问题不存在，根本就是在无理取闹。这样的情况并不少见，导购该如何应对是好呢？

业内有句话是这么说的："如果你发现顾客非常不讲道理，那十有八九是你让顾客不讲道理，或者是自身的工作没有做好。"其实顾客的要求不高，只是希望得到应有的服务，只要你能给予他们足够的尊重和重视，让顾客感觉到你在为他的利益考虑，他们就会接受并认可你。

在证实投诉的问题不存在时，不要把责任都推给顾客，在任何时候都不要主动去激怒顾客，你要做的是道歉与安抚，把顾客的不满遏制在投诉的开始阶段。有些导购认为是顾客在无理取闹，自己主动道歉等于承认自己有错。其实，向顾客说声"对不起"、"很抱歉"并不一定表明承认了错误，主要是对顾客不愉快的经历表示同情，比如用这样的语言表示道歉，"给您添麻烦了，非常抱歉。"或"给您造成不便，真是对不起。"以这种方式道歉既有助于平息顾客的不满，又可以免于承担可能会导致顾客误解的具体责任。

巧妙道歉之后，并不需要与顾客讲什么大道理，完全可以把问题丢给顾客，让顾客主动说出自己想要得到哪种处理，比如："我能理解给您带来的麻烦与不便，您看我们能为您做些什么呢？"只要你能站在顾客的角度思考问题，让顾客感受到你真诚地在为他考虑，顾客自知理亏，是不会过分为难你的。

记住一点，我们要在意的是顾客的利益和门店的形象，就算顾客真的无理取闹，宁愿自己多吃点亏，也不要让顾客吃亏。

正确应对示范 1

导购："给您造成不便，真是对不起。不过您刚才说的那个问题，经过调查之后，证实责任不在我们。您是我们的老顾客了，您一定也知道

只要是我们的问题，我们一定会负责到底的。”（向顾客阐明调查结果）

顾客：“我不管，反正我没错。”

导购：“王先生，就如你买把菜刀，切菜的时候不小心把手割到了，难道责任就出在卖刀的人身上吗？根据合同规定，您提的这个问题不在我们规定的责任范围，确实让我们很难处理，真的非常抱歉。不过我个人还是很乐意帮助您的，您看我能为您做些什么呢？”（让顾客知道自己理亏，继而让顾客感觉你真心在帮助他）

（经过沟通后，顾客不予理会，坚持己见）

导购：“王先生，您先别急，我现在请示一下领导，看怎么来帮您解决好这个问题，行吗？”（请领导出面解决）

点评：在处理顾客投诉时，要学会理解、尊重顾客，语言不能过激，不能与顾客争锋相对，避免彼此关系恶化。千万不要以一些粗鲁、伤人自尊的话伤害顾客，而要用委婉、得体的语言与客户沟通。

正确应对示范 2

导购：“王先生，我很了解您现在的心情。如果我是您，刚搬新家就出现这样的问题，也会有您这样的反应。”

顾客：“我这也太倒霉了吧，……”

导购：“我完全理解。您放心吧，如果是我们的问题，我们一定会负责到底。只不过您刚才说的问题，我们一时还无法解决，等我们把具体情况和原因调查清楚后，一定给您一个满意的答复，可以吗？”（让顾客冷静一段时间）

顾客：“好吧。”

导购：“感谢您对我们的信任和支持，如果再有什么问题您可以随时打电话给我，我会尽力帮助您的，好吗？”

顾客：“好的，谢谢你。”

点评：如果能把顾客的不满遏制在投诉的开始阶段，往往能够起到事半功倍的效果。巧妙的道歉，就是一个平息顾客不满的好办法。一般情况下，怒气冲冲的人听到“对不起”三个字，心情总会平静很多。也许顾客并不总是对的，但让顾客感到自己的正确往往是有必要的。这样让顾客心里平衡后，处理问题就容易多了。

情景 4：顾客投诉的问题确实存在，并且是公司的责任

错误应对

1. 没有及时告知顾客处理方案，让顾客长时间等待。

点评：既然有了解决方案，就要尽快告诉顾客。一旦解决问题的时间被拖延，不论结果如何顾客都不会满意，而且拖得越久处理的代价就越高昂。

2. 轻易向顾客作出超出自己职权的承诺。

点评：在弄清楚顾客投诉的原因后，应该先考虑一下这个投诉自己是否可以处理，如果已经超出了自己的职权，应该交给现场经理或上级领导处理。切记，导购不能轻易给顾客承诺，否则只会给自己带来更大的麻烦。

3. 把解决方案告诉顾客后，无论顾客是否接受，都不予理睬。

点评：把解决方案告诉顾客之后，如果顾客有不明白不理解的地方，应耐心、仔细地向顾客说明，而不能不理不睬。

情景解析

顾客前来投诉，经过调查证实该问题确实存在，并且是公司的责任。

虽然处理顾客的投诉是一件令人不快的事情，但是从感情层面上来看，前来投诉的顾客是因为信任，对公司还心存希望，根本上还是想给公司一个改正错误的机会。如果公司能够认真、妥善地解决他们的问题，这种信任度就会上升到对公司对品牌的忠诚度层面。那么，导购应该怎么做才能让顾客欣然接受呢？

每个投诉的顾客都有自己特殊的要求，如果不认真了解他们的要求，只是想当然地处理问题，往往会适得其反，非但不能软化矛盾反而激化矛盾。根据专家分析，投诉的顾客一般都有以下几种需求：希望得到应有的尊重；希望立即解决问题；希望得到赔偿；希望惩罚过失人；希望公司保证类似事件不要再发生。

也许在很多导购眼中，顾客投诉的一些问题都是小事，但是在顾客看来却是大事。经过调查核实，发现顾客投诉的问题确实存在并且责任属于公司，那么就要立刻研究给出解决方案，并把该解决方案告知顾客。如果是因为某些责任人导致的事故，应通过一些途径和方式惩罚这些人，给顾客一个“交代”；如果是因为公司的原因给顾客带来了影响并造成了损失，关于赔偿问题，在和法律顾问协商后，要按照公平原则适当予以处理。不论是个人原因还是门店原因，告知顾客解决方案后，最好向顾客保证类似事件不会再发生，给顾客一个心理安慰。

若是顾客对公司的处理方案表示不理解，导购应耐心地解释说明，直至顾客明白为止；若是顾客对该处理方案不满意，导购应表示会上报领导，把该问题转交给现场经理或其他领导处理。

正确应对示范 1

（当面告知）

导购：“王先生，非常抱歉让您来来回回跑了这么多趟。您说的那个问题我向公司反映过了，证实我们公司需要负一定的责任。经过公司领导研究决定，赔偿您60%的经济损失，并且再赠送您一套淋浴房。您看这样行吗？”

顾客：“怎么才赔偿60%的经济损失，我们卫生间的瓷砖已经铺好了，现在要全部重新敲掉再重铺，这耽误的时间怎么算？”

导购：“是这样的，您说的那个问题，并非完全是因为我们的施工引起的，而是您的装修工人在铺设瓷砖的时候，没有完全按照设计的图纸施工，才导致出现这样的问题。关于这种情况，我们也咨询了公司的法律顾问，经过慎重研究后才决定的。”

顾客：“算了，60%就60%，我就是不想再折腾了。”

导购：“王先生，我代表公司为发生这样的事情再次向您表示歉意，感谢您对我们公司的信任和支持，如果再有什么问题，您可以随时打电话，我们会尽力帮助您。”

点评：处理顾客投诉，首先是要秉持正确的处理态度，好态度是成功处理顾客投诉的前提。对于解决方案，要及时提出并告知顾客，否则顾客等待时间越长，处理代价就会越高。

正确应对示范2

（电话通知）

导购：“您好，请问是王先生吗？”

顾客：“是的。”

导购：“王先生，您好，我是××门店的小李。您之前投诉说我们工人施工没有严格按照您那儿物业管理处规定的时间进行，影响了左邻右舍的正常作息，在此我向您表示诚挚的歉意。经过与装修师傅协调，从周一到周五把施工时间调整到早上六点至傍晚七点，周末的时候施工时间调整到晚上九点。您看这样可以吗？”

顾客：“一大早就开始施工，不也还是会影响人家的正常作息嘛。”

导购："实在是抱歉，给您添麻烦了。是这样的，您也知道，过几天就有台风来了，如果现在我们不抓紧施工，工期就赶不上了，所以这几天我们才加快进度，通宵赶工。师傅们加班加点施工，也是为了您能尽快搬进新房，所以也请您多多体谅。我们会让师傅尽量避免影响到左邻右舍，请您也和物业管理处解释一下。"

顾客："好吧，也只能这样了。"

点评：面对顾客投诉，在给予解决方案时，要学会争取顾客的体谅。案例中，向顾客表明之所以会造成施工时间过早是由于天气原因和避免耽误工期，是为顾客考虑，这样顾客就容易接受了。

情景5：顾客投诉的问题确实存在，但顾客的要求太高

错误应对

1. 不管顾客是否满意，按照规定给予赔偿，拒绝支付顾客的额外要求。

点评：这种处理方式太过生硬，无法消除顾客的不满情绪。

2. 交涉无果，便不予理睬。

点评：这种处理方法过于生硬，没有积极主动地化解顾客的不满，很容易导致顾客去寻求其他更具权威性的机构进行投诉，给公司带来不必要的麻烦，并且还会影响品牌形象。

3. 轻易答应顾客的要求，并作出承诺。

点评：处理顾客的投诉，最忌讳轻易答应顾客的要求或作出自己无法兑现的承诺，尤其是顾客的要求不符合公司规定的情况下，等于是让自己陷入被动局面，甚至让自己承担责任。

情景解析

在发生问题后，经过调查证实是公司的责任，顾客通常都会有赔偿

要求，这是很正常的。但是有些顾客认为责任方在公司，便提出一些额外的要求，超出了该问题合理的赔偿范围。面对这类情况，如果对顾客的漫天要价或者无理要求，全部给予满足，那么公司的利益就会损失。

对于顾客过高的赔偿要求，导购不能直接拒绝也不能随意表示答应。如果是自己职权内可以解决的，就要尽快给顾客一个合理的解决方案，并向顾客详细解释这样解决的原因。如果顾客不肯答应，那么导购应该"刚柔并济"，首先使用法律武器来保护公司的利益，向顾客表示该问题只能得到这样的解决方案，是符合法律规定的。其次，在必要时，给顾客提供一些"象征性的额外补偿"，以弥补公司的责任给顾客造成的损失，例如赠送礼物等，尽量让顾客的损失降到最低，让顾客的心理平衡。若顾客软硬不吃或者该问题超出了自己的职权范围，那么导购应把该问题交给上级领导处理，向顾客表示会把这件事情尽快反应给领导，由领导协调解决，让顾客回家等候通知。

在处理顾客投诉的问题上，现场经理或者上级领导处理起来往往会比导购有效，或者说相对比较容易。并不是说导购能力不足，而是从客观上来说，寻常人对职位高的人存有欣赏和信服心理，所以职位高的人处理顾客的投诉会比较容易。因此，碰到自己无法解决的问题，或者顾客的要求太过于无理，应该把事情交与领导解决。

正确应对示范

顾客："你们怎么搞的！安装个衣柜就把我的瓷砖砸破了！"

导购："王先生，实在不好意思……"

顾客："光说不好意思有什么用，你们要赔偿我的损失！"

导购："王先生，您放心，是我们的责任，我们肯定会负责的。您看这样好吗，您让您的泥水师傅把那两块砖重新铺设，买砖的钱和工钱都由我们出。"

顾客："不会吧？！哪里这么简单。我们本来计划下周搬家的，这样一来就赶不上了。这方面要怎么算？！"

导购："王先生，真的非常抱歉。出现这样的问题，大家都不愿意。铺砖不会耽误很长时间的，我们也问过边上的瓷砖店了，有半天时间就够了。这样，为了表示我们的歉意，我向领导申请看看，能不能赠送你们一套苏泊尔厨具，您看这样可以吗？"

顾客："这还差不多。"

点评：讨价还价时，要一步一步让价，而不能一让到底。处理顾客投诉时也类似，要让顾客觉得我们是有诚意的，并且也是做出很大让步的。

参考书目

1.《家具就该这样卖》, 陆丰著, 机械工业出版社,2012 年 3 月第 2 版。

2.《家居王：家居建材销售第一书》，肖晓春、李建强著，中国经济出版社，2013 年 1 月第 1 版。